Register zum Gutenberg-Jahrbuch
1976 – 1986

Register
zum Gutenberg-Jahrbuch
1976–1986

Autorenverzeichnis, Personen-, Orts- und Sachregister
Bearbeitet von Susanne Beßlich

Mit einem Anhang:
Typographisches Register
zu den Gutenberg-Jahrbüchern

1926–1986

Zusammengestellt von Susanne Beßlich

1989
VERLAG DER GUTENBERG-GESELLSCHAFT

Verlag der Gutenberg-Gesellschaft, Mainz 1989
ISBN 3-7755-4002-4
© Copyright 1989 by Gutenberg-Gesellschaft, Liebfrauenplatz 5, D-6500 Mainz.
Alle Rechte, insbesondere das Recht der Vervielfältigung und Verbreitung, sind vorbehalten. Das Verzeichnis oder Teile desselben dürfen ohne schriftliche Einwilligung der Gesellschaft weder in irgendeiner Form reproduziert noch unter Verwendung elektronischer Systeme verarbeitet noch in irgendeiner Weise vervielfältigt und verbreitet oder zu gewerblichen Zwecken genutzt werden.
Satz und Druck: Roetherdruck Darmstadt
Überzug und Papier der Büttenpapierfabrik Hahnemühle, Dassel b. Einbeck
Bindearbeiten: Hollmann GmbH & Co. KG, Darmstadt

INHALTSVERZEICHNIS

Vorwort 7
Hinweise zur Benutzung 8
Register zum Gutenberg-Jahrbuch 1976 – 1986
1. Autorenverzeichnis 9
2. Personen-, Orts- und Sachregister 21
3. Chronologische Übersicht zum Personenregister 49
Anhang: Typographisches Register zu den Gutenberg-Jahrbüchern 1926 – 1986
1. Satz- und Druck-Angaben 53
2. Verzeichnis der Druckereien und Schriftgießereien 56
3. Verzeichnis der Schriftkünstler und Typographen 57
4. Verzeichnis der verwendeten Schrifttypen 58

VORWORT

Wie unentbehrlich ein Register zum Gutenberg-Jahrbuch ist, zeigen die durchweg positiven Rezensionen des Registers zu den Jahrbüchern 1926 bis 1975. Um nun die Zeitspanne in überschaubarem Rahmen zu halten, beschloß die Gutenberg-Gesellschaft, künftig Zehnjahresregister herauszubringen.
So liegt jetzt das Register zum Gutenberg-Jahrbuch 1976 bis 1986 vor, in Anlage und Aufbau analog zum Register 1926 bis 1975: Autorenverzeichnis, Personen-, Orts- und Sachregister. Alle Personen sind jeweils mit Lebensdaten usw. versehen, also auch diejenigen, die schon im Register 1926 bis 1975 erscheinen, da dem Benutzer nicht zugemutet werden kann und soll, dafür dann das vorhergehende Register heranzuziehen.
Neu ist eine chronologische Übersicht zum Personenregister, die dem Benutzer die Personen sozusagen annalistisch erschließen soll.
Schon ein erster flüchtiger Vergleich der Lemmata vom Autoren-, Personen-, Orts- und Sachregister der beiden Register läßt erkennen, wieviel neue Autoren hinzugekommen sind, aber auch wieviel neue Begriffe zur Entwicklung und Geschichte des Buchdrucks, des Buchwesens überhaupt, zeigt also auch von daher die Fülle und Breite und Aktualität der Themen des Gutenberg-Jahrbuchs.
Parallel zum Typographischen Register zu den Festschriften, Kleinen Drucken und Monographien der Gutenberg-Gesellschaft 1900 bis 1975 ist von mir im Anhang ein Typographisches Register zu den Gutenberg-Jahrbüchern 1926 bis 1986 zusammengestellt worden.
Danken möchte ich der Gutenberg-Gesellschaft in Mainz, der Eduard Roether KG Druckerei und Verlag in Darmstadt für die Betreuung und freundliche Unterstützung und vor allem meiner Schwester, Frau Annemarie Kordecki, für ihre selbstlose Hilfe beim Korrekturlesen.

Mainz, im Januar 1989   Susanne Beßlich

HINWEISE ZUR BENUTZUNG

Das **Autorenverzeichnis** enthält auch Hinweise auf Würdigungen und Nachrufe auf die betreffenden Verfasser; gegebenenfalls werden auch Erwiderungen und Ergänzungen zu den jeweiligen Artikeln vermerkt.
Beim **Personen-, Orts- und Sachregister** wurde versucht, die Stichwörter durch die typographische Anordnung so transparent wie möglich zu machen. Die Gliederung ist jeweils der Bedeutung des Stichworts entsprechend alphabetisch, chronologisch oder systematisch (als Beispiele seien die Lemmata *Buchdruck(er), Einbände, Johannes Gutenberg* angeführt).
Bei den *Druckorten* werden diejenigen Drucker/Verleger und Buchbinder verzeichnet, die unter ihrem Namen als Stichwort aufgeführt sind (ohne Varianten oder Pseudonyme), wodurch ein Überblick über die Druck- und Verlagstätigkeit an dem jeweiligen Ort ermöglicht wird.

ABKÜRZUNGSVERZEICHNIS

Abb.	Abbildung(en)
ca.	circa
d. Ä.	der Ältere
d. J.	der Jüngere
Jh./Jhs	Jahrhundert/Jahrhunderts
v. Chr.	vor Christus

1. AUTORENVERZEICHNIS

Alker, Hugo (Mitverf.) siehe **Alker,** Lisl 1978, 302 bis 308.

Alker, Lisl (mit Hugo **Alker**): Das Beutelbuch in der bildenden Kunst. Ein beschreibendes Verzeichnis: Ergänzungen. Mit Abb. 1978, 302 bis 308.

Amelung, Peter: Buchdruck des 16. – 19. Jahrhunderts. Literaturbericht 1970 – 1974. Teil II. 1976, 413 bis 431 * Dinckmuts angebliche Neuausgabe des ›Zeitglöcklein‹ (H 16280). Mit Abb. 1977, 75 bis 79 * Einbandforschung 1972 – 1976. Ein Literaturbericht. Teil I. Ilse Schunke gewidmet. 1977, 358 bis 362 * Einbandforschung 1972 – 1976. Ein Literaturbericht. Teil II. 1978, 313 bis 342 * Dinckmuts Drucke des ›Regimen sanitatis‹. Mit Abb. 1979, 58 bis 71 * Zum Bilderschmuck der frühen Einblattkalender. Probleme um einen Augsburger Almanach auf das Jahr 1496 (GW 1513). Mit Abb. 1980, 235 bis 245 * Die Abbildung von Wasserzeichen. Vorbemerkungen zur Beschreibung eines neuen Verfahrens. 1981, 97f. * Nochmals zur Bibliothek des Johannes Protzer aus Nördlingen. Ein ergänzender Beitrag zur Kenntnis spätmittelalterlicher Büchersammlungen. 1981, 277 bis 283 * Eine Ulmer Praktik auf das Jahr 1489. Ein Beispiel für die Schwierigkeiten beim Bestimmen fragmentarischer Prognostiken. Mit Abb. 1982, 211 bis 219 * Einbandforschung 1977 – 1981. Ein Literaturbericht. Teil I. 1982, 319 bis 330 * Das Registrum bei Eggestein und anderen oberrheinischen Frühdruckern. Die Anfänge eines Hilfsmittels für den Buchbinder. Für Ferdinand Geldner, den Eggestein-Kenner. Mit Abb. 1985, 115 bis 124 * Nachruf auf Walter Cantz (30. 1. 1911 – 14. 9. 1984). Mit Abb. 1985, 349 bis 353.

Andrews, John S.: Some early Quaker material in the University of Lancaster Library. Mit Abb. 1976, 333 bis 339.

Aquilon, Pierre: Un typographe au service de la contre-réforme. Compléments à la bibliographie de Pierre Roux, imprimeur en Avignon (1567 – 1571). Mit Abb. 1977, 146 bis 154.

Ashcroft, Jeffrey: Bruder Hans's ›Teutsch Psalter‹. Uses of literary in a late mediaeval monastery. Mit Abb. 1985, 125 bis 139.

Aurnhammer, Achim: Gallus restitutus. Dichterische Zeugnisse über den Buchdrucker Ulrich Han. 1981, 161 f.

Avis, Frederick C.: Miscellaneous costs in sixteenth century English printing. 1976, 306 bis 310 * A, C, mery talys, 1526. Mit Abb. 1977, 134 bis 139 * English typographical terms before Moxon (1683). 1978, 173 bis 177 * Ur-Shakespeare printing on Addle Hill, 1597 – 1599. 1979, 199 bis 204 * London's printer-auxiliaries in the sixteenth century. 1980, 142 bis 149 * Sixteenth-Century London Printers' Gifts- and ›Gift-Horses‹. 1982, 241 bis 245.

Baeumer, Max L.: »Der Strom des Lichts ging aus von Mainz.« Wilhelm Heinse als Bibliothekar und streitbarer Verteidiger Gutenbergs. 1985, 341 bis 348.

Balsamo, Luigi: Bibliografia e censura ecclesiastica. A proposito dell'esemplare Linceo della ›Bibliotheca Universalis‹ di Konrad Gesner. Mit Abb. 1976, 298 bis 305 * ›La Bibliofilia‹. Fondata da Leo S. Olschki nel 1899. Mit Abb. 1981, 223 bis 228.

Bansa, Helmut: Das konservatorische Problem der Bibliotheken. 1982 (Sonderbeilage), 3 bis 15.

Baurmeister, Ursula: Eine unbekannte Ausgabe der Verteidigungsschrift für Bartholomäus Bernhardi. Mit Abb. 1977, 127 bis 133 * ›Von wunderlichen Dingen‹. Mit Abb. 1978, 87 bis 89.

Beck, Gustav: Ein weiterer Braunschweiger Lederzeichnungseinband und eine Untersuchung über die Entstehung dieser Einbände. Mit Abb. 1979, 291 bis 296.

Becker, Hansjakob: Ein Gebetsrotulus des 15. Jahrhunderts. Liturgiewissenschaftliche Randbemerkungen zu Aufbau, Inhalt und Herkunft von Clm 28961. 1976, 57 bis 63 (siehe auch **Rosenfeld** 1976, 48 bis 56).

Belkin, Johanna: Eucharius Rösslin des Jüngeren Lebensgeschichte. Mit Abb. 1978, 96 bis 105 * Ein frühes Zeugnis des Urheberschutzgedankens in Hieronymus Brunschwyg, Liber de arte distillandi. de Simplicibus (1500). Mit Abb. 1986, 180 bis 200.

Bentzen, Ruth (Übers.) siehe **Ilsøe** 1985, 258 bis 280.

Bezzel, Irmgard: Sechs neu entdeckte Widmungsexemplare des Erasmus von Rotterdam und ihre Empfänger. Mit Abb. 1980, 89 bis 96 * Das Colloquium ›Confabulatio pia‹ des Erasmus von Rotterdam. Ein Freisinger Druck des Jahres 1535. Mit Abb. 1983, 179 bis 185 * Argula von Grumbach und Johannes aus Landshut. Zu einer Kontroverse des Jahres 1524. Mit Abb. 1986, 201 bis 207.

Bierlaire, Franz: Erasme, les imprimeurs et les ›Colloques‹. 1978, 106 bis 114.

Bigelow, Charles: Principles of Type Design for the Personal Workstation. Mit Abb. 1986, 253 bis 270.

Blake, Norman F.: Dating the first books printed in English. 1978, 43 bis 50 * Continuity and change in Caxton's prologues and epilogues: the Bruges period. 1979, 72 bis 77 * Continuity and change in Caxton's prologues and epilogues: Westminster. 1980, 38 bis 43.

Blühm, Elger: Vom »Ursprunge und Altertum der Zeitungen« in Deutschland (Neue Nummern des Wolfenbütteler ›Aviso‹ von 1618 – 1623). Mit Abb. 1976, 326 bis 332.

Bode, Helmut: Nachruf auf Maria Gräfin Lanckorońska. Mit Abb. 1980, 365f.

Bohatcová, Mirjam: Die Anfänge der typographischen Zusammenarbeit zwischen Nürnberg und Böhmen. Mit Abb. 1976, 147 bis 155 * Hans Pekk aus Schwabach als Drucker der ersten tschechisch-deutschen Konversations-Unterweisung (Pilsen 1531). 1977, 140 bis 143 * Tschechische Einblattdrucke des 15. bis 18. Jahrhunderts. 1978, 246 bis 252 * Deutsche Einblattdrucke des 16. Jahrhunderts im Prager Sammelbuch des Václav Dobrenský. Mit Abb. 1979, 172 bis 183 * Einige nähere Angaben über die Tätigkeit des Druckers Johann Jäger (Zittau 1610 – 1619). Mit Abb. 1980, 155 bis 173 * Über den Erstdruck eines tschechischen Kräuterbuchs (Nürnberg, H. Höltzel 1517). Mit Abb. 1981, 175 bis 192 * Farbige Figuralakrostichen aus der Offizin des Prager Druckers Georgius Nigrinus (1574/1581). Mit Abb. 1982, 246 bis 262 * Wittenberger Flugschriften aus der Zeit des Schmalkaldischen Krieges und die Probleme ihrer tschechischen Ausgaben. Mit Abb. 1983, 195 bis 214 * Wahrheit und Lüge in der Hand eines böhmischen Rechtsgelehrten (geschrieben 1467, gedruckt 1539). Mit Abb. 1984, 25 bis 35 * Prager Drucke der Werke Pierandrea Mattiolis aus den Jahren 1558 – 1602. Mit Abb. 1985, 167 bis 185 * Böhmische Buchillustration des 16. Jahrhunderts. Mit Abb. 1986, 17 bis 34.

Bohr, Alexander: Die Struktur der Alternativpresse in der Bundesrepublik Deutschland. Eine Bestandsaufnahme überregional erscheinender Alternativzeitschriften in der Bundesrepublik Deutschland und im deutschsprachigen Ausland. 1984, 241 bis 316.

Borngässer, Ludwig: Hermann Knaus †. 1984, 360 bis 362.

Borsa, Gedeon: Druckorte in Italien vor 1601. 1976, 311 bis 314 * Drucker in Italien vor 1601. 1977, 166 bis 169 * Weiteres über Drucker in Italien vor 1601. 1978, 156f. * Die Illustrationen der ältesten ungarischen Perikopenbücher. Teil I. Mit Abb. 1979, 283 bis 290 * Die Illustrationen der ältesten ungarischen Perikopenbücher. Teil II. Mit Abb. 1980, 246 bis 257 * Die Illustrationen der ältesten ungarischen Perikopenbücher. Teil III. Mit Abb. 1981, 229 bis 233 * Die Illustrationen der ältesten ungarischen Perikopenbücher. Teil IV. Mit Abb. 1982, 236 bis 240 * Die Illustrationen der ältesten ungarischen Perikopenbücher. Teil V. Mit Abb. 1983, 186 bis 194 * Ein bisher unbekannter gedruckter Bruderschaftsbrief der Hospitaliter vom Hl. Geist. 1984, 142 bis 144 * Brevier-Wiegendrucke in der Diözesanbibliothek von Rottenburg am Neckar. 1985, 140 bis 142 * Johannes Honterus als Buchillustrator. Mit Abb. 1986, 35 bis 56.

Brecht, Martin: Eine Druckervorlage zur Wittenberger Lutherausgabe. 1976, 234 – 236.

Breugelmans, R.: An inventory project of book-illustration in the Low Countries in the fifteenth and sixteenth centuries. 1986, 57 bis 59.

Bruckner, Ursula: Bartolus de Saxoferrato: Super I. parte Infortiati: Beschreibung eines Fragments und einige Bemerkungen zum Nachdruck in Lyon und Venedig. Mit Abb. 1981, 163 bis 170.

Bühler, Curt F.: Comments on some volumes of the writings of Bernardus Georgius. Mit Abb. 1976, 224 bis 233.

Bund, Konrad: Zur Quellenüberlieferung der Gutenbergzeit im Stadtarchiv Frankfurt am Main. 1983, 22 f.

Carrington Goodrich, Luther: Tangut printing. Mit Abb. 1976, 64 f.

Cherns, J. J.: Her Majesty's Stationary Office. Mit Abb. 1982, 67 bis 83.

Chojecka, Ewa: Zur Frage künstlerischer Beziehungen zwischen der polnischen und europäischen Renaissancegraphik. Mit Abb. 1977, 251 bis 270 * Die graphische Ausstattung von Inkunabeldrucken des Sweipolt Fiol in Krakau. Mit Abb. 1978, 271 bis 285.

Chweh, Steven Seokho: In search of the origin of metal type printing. 1985, 15 bis 18.

Clercq, Carlo de: Manuscrits et imprimés se rapportant à la Dévote, Marie de Louvencourt, d'Amiens (†1778). Mit Abb. 1977, 195 bis 204 * Les éditions du ›Theatrum Orbis terrarum‹ d'Ortelius. Mit Abb. 1978, 158 bis 167 * Les Sibylles dans des livres des XVe et XVIe siècles en Allemagne et en France. Mit Abb. 1979, 98 bis 119.

Cockx-Indestege, Elly: Une pronostication inconnue pour l'année 1504. Mit Abb. 1977, 96 bis 103.

Corsten, Severin: Eine weitere gedruckte Rubrik in der zweiundvierzigzeiligen Bibel. 1981, 136 bis 138 * Richtigstellung zum Aufsatz: Eine weitere gedruckte Rubrik in der zweiundvierzigzeiligen Bibel (GJ 1981, 136–138). 1982, 119 * Hat Gutenberg an der Erfurter Universität studiert? 1983, 159 bis 162 (Entgegnung auf **Rosenfeld** 1982, 106 f.) * Das Setzen beim Druck in Formen. 1984, 128 bis 132.

Csapodi, Csaba: Das Psalterium der heiligen Margarete von Ungarn in der Bibliothek zu Wolfenbüttel. Mit Abb. 1976, 41 bis 47 * Die Sammlung der lateinischen Codices der Bibliothek der Ungarischen Akademie der Wissenschaften. 1977, 389 bis 392 * Über zwei Ausgaben von ›Delaudibus‹ des Cortesius. 1982, 209 f. * Wo war die zweite ungarische Inkunabeldruckerei tätig? (Buda oder Pozsony/Preßburg?) Mit Abb. 1983, 163 bis 165 * Ungarische Bibliotheksgeschichte. Vom Mittelalter bis zum Frieden von Szatmár. 1984, 332 bis 357 * Ob die Budaer Werkstatt der Illuminatoren des Königs Matthias noch im 16. Jahrhundert arbeitete oder nicht? 1986, 60 bis 63.

Csapodi-Gárdonyi, Klara: Ein antikes Motiv – Meerthiasos – in der Buchillustration der Renaissance. Mit Abb. 1976, 432 bis 438 * Die Reste der Bibliothek eines ungarischen Humanisten, Peter Váradi. 1977, 363 bis 368 * Eine unbekannte Erstausgabe von Epigrammen des Janus Pannonius. Mit Abb. 1979, 53 bis 57 * Eine unbekannte Corvinen-Inkunabel in Uppsala. Mit Abb. 1981, 171 bis 174 * Klösterliche Buchmalerei in Ungarn im 16. Jahrhundert. Ihr Ursprung und ihr Nachleben. 1986, 64 bis 67.

Dal, Erik: 500 Jahre Buchdruck in Dänemark außerhalb Kopenhagens. Mit Abb. 1984, 211 bis 240.

Demény, Lajos: Rumänische Buch- und Buchdruckgeschichte des 16. Jahrhunderts im Spiegel der Forschung der letzten fünfundzwanzig Jahre. Literaturbericht. 1986, 302 bis 321.

Devries, Anik: La stéréomelotypie, procédé d'impression musicale. Mit Abb. 1983, 105 bis 111.

Dima-Drăgan, Corneliu(s): La diffusion des incunables en Roumanie aux XVe – XVIe siècles. 1976, 165 bis 171 * Bibliothèques roumaines anciennes (XIIe – XVIIIe siècles). Mit Abb. 1978, 347 bis 357 * Ein Ex-Libris Hartman Schedels in Rumänien. Mit Abb. 1980, 359 bis 362.

Donati, Lamberto: Osservazioni sull'Esopo di Verona, 25 Giugno 1479. Memoriae dilectissimi amici Johannis Widmann d. Mit Abb. (davon 2 farbig). 1976, 138 bis 146 (siehe auch **Mardersteig** 1977, 234 bis 243 und **Eberhardt** 1977, 244 bis 250) * La Biblioteca privata di Paolo III (3. X. 1534 – 10. XI. 1549). Mit Abb. 1977, 369 bis 374 * Le iniziali stampate a mano. Mit Abb. 1978, 37 bis 42 * La presenza del Petrarca nella grafica del libro. Mit Abb. 1979, 158 f.

Donth, Hans H.: Das Programm der Bundesregierung zur Förderung von Information und Dokumentation. 1981, 21 bis 45.

Droulia, Loukia: Activities of the Centre for Neo-Hellenic Research of the National Hellenic Research Foundation. 1982, 84 bis 91.

Duggan, Mary Kay: A System for Describing Fifteenth-Century Music Type. Mit Abb. 1984, 67 bis 76.

Duverdier, Gérald: L'apparition de l'imprimerie à Madras et sa disparition à Pondichéry. Mit Abb. 1976, 351 bis 363 * Les débuts de l'imprimerie tamoule à Madras et la fin de celle de Halle, 1761–1772. Mit Abb. 1977, 183 bis 194 * L'imprimerie tamoule de Vépery et les deux dictionnaires de Fabricius. Mit Abb. 1978, 189 bis 197.

Eberhardt, Hans-Joachim: Liberale da Verona und die Äsop-Illustrationen von 1479. 1977, 244 bis 250 (siehe auch **Donati** 1976, 138 bis 146 und **Mardersteig** 1977, 234 bis 243).

Edwards, Anthony Stockwell Garfield: Poet and printer in Sixteenth Century England: Stephen Hawes and Wynkyn de Worde. 1980, 82 bis 88.

Ellwein, Thomas: Die private Bibliothek als Informationsbasis. 1981, 46 bis 54.

Engelmann, Ursmar: Nachrichten über die ehemalige Klosterbibliothek Inzigkofen. Mit Abb. 1976, 520 bis 525.

Enste, Norbert: An der Schwelle einer neuen Zeit. Tritt ›Bildschirmtext‹ das Erbe Gutenbergs an? Mit Abb. 1982, 13 bis 22.

Escobedo, Joanna: Un nuovo incunable catalán en la Biblioteca de Catalunya. (Traduccíon del original catalán.) 1985, 143 f.

Falck, Ludwig: Archivalische Quellen zu Leben und Werk Gutenbergs im Stadtarchiv Mainz. 1983, 16 bis 18.

Fechter, Werner: Ludwig Hohenwang als Schreiber. Neues zu seiner Biographie. Mit Abb. 1977, 29 bis 41.

Finger, Heinz: Untersuchungen zur Geschichte der Bibliothek des Deutschen Ordens in Mergentheim. Teil I. Mit Abb. 1980, 325 bis 354 * Untersuchungen zur Geschichte der Bibliothek des Deutschen Ordens in Mergentheim. Teil II. Mit Abb. 1981, 245 bis 260 * Bücher und Bibliotheken in Lothringen an der Schwelle vom Mittelalter zur Neuzeit. 1981, 265 bis 276.

Forrer, Jeanne siehe **Veyrin-Forrer.**

Franz, Gunther: Buch und Mikrofilm. Mit Abb. 1976, 372 bis 382.

Friedlaender, Henri: Laudatio auf G. W. Ovink. 1984, 14 bis 17.

Frutiger, Adrian: Das Miterleben einer Wandlung. Schriftzeichnen für die Satztechnik der Gegenwart. Mit Abb. 1985, 19 bis 26.

Fuchs, François Jean: Archivalische Quellen über Gutenbergs Aufenthalt in Straßburg. 1983, 19 bis 21.

Funke, Fritz: Das Deutsche Buch- und Schriftmuseum der Deutschen Bücherei in Leipzig. 1984, 194 bis 210.

Gardner, Judith E.: Women in the booktrade, 1641–1700: a preliminary survey. Mit Abb. 1978, 343 bis 346 * A royal acquisition: Poem for the Prince of Wales. Mit Abb. 1979, 241 bis 245.

Gárdonyi, Klara siehe **Csapodi-Gárdonyi.**

Gast, Uwe (mit Fritz Otto **Zeyen**): Versuche mit neuartigen elektronischen Techniken zur Sicherung und Erhaltung von Kulturgütern in Bibliotheken und Museen. 1982 (Sonderbeilage), 17 bis 26 (mit Abb.).

Geldner, Ferdinand: Hans Widmann zum Dank und Ehrengedächtnis. Mit Abb. 1976, 7 bis 9 * Der junge Johannes Gutenberg. 1976, 66 bis 73 * Hieronymus Münzer über den frühesten Buchdruck. 1978, 67 bis 69 * Zum frühesten deutschen und italienischen Buchdruck (Mainz-Baiern-Foligno. Johannes Numeister und Ulrich Han?). Hans Widmann (28. 3. 1908 – 19. 12. 1975) zum Gedenken. Mit Abb. 1979, 18 bis 38 * Die Holzschnittbordüre mit den Wappen des Herzogs Heinrich d. R. von Baiern-Landshut und seiner Gemahlin Margarete von Österreich. Mit Abb. 1980, 212 bis 234 * Ein unbeachtetes xylographisches Fragment von GW 2672 und Probleme um den Inkunabeldrucker Friedrich Creußner. Mit Abb. 1981, 143 bis 147 * Ein halbes Jahrtausend Buchdruck in München und Baiern (28. Juni 1482 – 28. Juni 1982). Der Anfang. Mit Abb. 1982, 197 bis 208 * Bemerkungen zum Text des Türkenschreis von Balthasar Mandelreiß, des ›Türkenkalenders‹ (1454) und der ›Ermanung . . . wider die Türken‹ von Niclas Wolgemut. 1983, 166 bis 171 * Enea Silvio de'Piccolomini und Dr. Paulus Paulirinus aus Prag als Zeugen für die beiden ältesten Bibeldrucke. 1984, 133 bis 139 (Entgegnung auf **Meuthen** 1982, 108 bis 118) * Die Vierzehn Nothelfer in der frühen Druckgraphik. Mit Abb. 1985, 303 bis 315.

Gerardy, Theo: Die Datierung zweier Drucke in der Catholicontype (H 1425 und H 5803). Mit Abb. 1980, 30 bis 37.

Gerhardt, Claus W.: Technikgeschichtliche Bemerkungen zu den Schlußschriften zweier Mainzer Frühdrucke. 1976, 92 bis 95 (siehe auch **Widmann** 1976, 96 bis 100) * Buchdruck im 20. Jahrhundert. Literaturbericht 1974 – 1976. 1977, 219 bis 228 * Eduard Born (1915 – 1977), advocatus typographorum. Mit Abb. 1978, 18 f. * Besitzt Gutenbergs Erfindung heute noch einen Wert? 1978, 212 bis 217 * Buchdruck im 20. Jahrhundert. Literaturbericht 1976 – 1978. 1980, 200 bis 206 * Die Entstehung der funktionellen Typographie in den zwanziger Jahren in Deutschland. Mit Abb. 1982, 282 bis 295 * Wie haben Ratdolt und Calliergens Ende des 15. Jahrhunderts in Venedig ihre Drucke mit Blattgold hergestellt? 1984, 145 bis 150 * Überblick zur Entwicklung der Techniken der Buchherstellung seit 1945. 1986, 241 bis 252.

Göbel, Wolfram: Lektoren – die geistigen Geburtshelfer. Marginalien zur Praxis und Geschichte eines jungen Berufsstandes. 1986, 271 bis 280.

Goff, Frederick Richmond: An interim report on the collecting of incunabula by American libraries. 1976, 162 bis 164 * Caxtons in America. Mit Abb. 1977, 64 bis 71 * Further facts about the initials first used in the Psalter of 1457 and their subsequent appearances. Mit Abb. 1978, 32 bis 36 * Printing in Red in the Gutenberg Bible (B 42). Mit Abb. 1981, 130 bis 135.

Gollob, Hedwig: Der Cuspinianmeister. Mit Abb. 1977, 320 bis 322 * »In Verde«. Albrecht Dürers ›Grüne Passion‹. Mit Abb. 1978, 297 bis 301.

Goodrich, Luther Carrington siehe **Carrington Goodrich.**

Hahn, Karl-Heinz: Schiller, Göschen und der historische Kalender für Damen. Mitteilungen aus Verlegerbriefen des 18. Jahrhunderts. Mit Abb. 1976, 490 bis 499.

Halbey, Hans Adolf: Aloys Ruppel zum ehrenden Gedenken. * 21. Juni 1882 Neuhof-Opperz bei Fulda, † 11. Juli 1977 Mainz. Mit Abb. 1978, 11 bis 13 * Zur neuen Konzeption des Gutenberg-Museums. 1981, 55 bis 57.

Halporn, Barbara: Sebastian Brant as an Editor of Juristic Texts. 1984, 36 bis 51.

Hargreaves, Geoffrey D.: Some characteristics and antecedents of the majuscules in fifteenth-century German gotico-antiqua typography. Mit Abb. 1986, 162 bis 176.

Harthausen, Hartmut: ›Der Eisenhans‹. Unbekannte Buchgraphik von Max Slevogt. Mit Abb. 1977, 323 bis 329.

Hartmann, Roland: Ein früher Lederzeichnungseinband. Mit Abb. 1985, 316 f.

Hecht, Winfried: Das Druckereiwesen in der Reichsstadt Rottweil während des 18. Jahrhunderts. 1984, 180 bis 193.

Heiderhoff, Horst: Formen und Gegenformen. Gestaltungseinheiten im Leben des Schriftkünstlers Adrian Frutiger. Mit Abb. 1985, 29 bis 64.

Hein, Wolfgang (mit Wilhelm **Willemer**): Zur Chemotechnologie dauerhafter Naturpapiere. 1982 (Sonderbeilage), 27 bis 37.

Heireman, Kamiel: Die Anfänge der Buchdruckerkunst in den südlichen Niederlanden. Mit Abb. 1976, 86 bis 91.

Hieronymus, Frank: Sebastian Brants ›Sebastians-Ode‹, illustriert von Albrecht Dürer. Mit Abb. 1977, 271 bis 308 * Marginalien zur Basler Buchillustration des 16. Jahrhunderts. Für Imre Reiner zum 18. August 1980. Mit Abb. 1980, 258 bis 273 * Eadem mutata resurgo. Marginalien zum Basler Buchdruck 1479 – 1619. Dem Andenken Josef Benzings. Mit Abb. 1982, 160 bis 185 * Notizen zur Autorfrage und Druckgeschichte des ›Julius exclusus-Dialogs‹. Mit Abb. 1984, 157 bis 162 * Wolfgang Lachner, Buchhändler und Verleger, Schwiegervater Johann Frobens. 1985, 145 bis 152 * Das Aufkommen der Renaissancemotive und -formen in Basel. Mit Abb. 1986, 68 bis 80.

Hilmar, Rosemary: ». . . nach den hinterlassenen endgültigen Korrekturen des Komponisten revidiert.« Eine Studie zur Drucklegung von Musikalien im 20. Jahrhundert, dargestellt am Beispiel der Oper ›Wozzeck‹ von Alban Berg. Mit Abb. 1983, 112 bis 130.

Hirsch, Rudolf: Rouen and Caen imprints, ca. 1510 – 1520. Mit Abb. 1976, 190 bis 193 * Title Pages in French incunables, 1486 – 1500. 1978, 63 bis 66 * A misprinted early XVI-century Donatus. Mit Abb. 1979, 136 bis 139 * Demosthenes' ›First Olynthiac Oration‹ in Italian translation. Its place among vernacular editions of Greek Classics. Mit Abb. 1981, 148 bis 150.

Hohl, Werner: HD – Ein Grazer Buchbinder des 16. Jahrhunderts. Mit Abb. 1985, 318 bis 328.

Holzamer, Karl: Sprachliche Erscheinungsformen. Schrift und Druck – Gesprochenes Wort – Sprache des Bildes. 1981, 58 bis 61.

Horch, Hans J. W.: Bibliographische Notizen zu den Ausgaben der ›Kosmographie‹ Sebastian Münsters in italienischer Sprache. Mit Abb. 1976, 237 bis 247 * Eine unbekannte Ausgabe von Sebastian Münsters ›Cosmographia universalis‹. Mit Abb. 1977, 160 bis 165.

Horninger, Heidelinde: Zwei neue Exemplare des ›Maximilian-Gebetbuches‹. Mit Abb. 1976, 207 bis 212.

Hoven, René: Specimen artis memoriae . . .: Des brochures rarissimes de Lambert-Thomas Schenckels. 1978, 121 bis 126 * Enseignement du grec et livres scolaires dans les anciens Pays-Bas et la Principauté de Liège de 1483 à 1600. Première partie: 1483 – 1550. 1979, 78 bis 86 * Enseignement du grec et livres scolaires dans les anciens Pays-Bas et la Principauté de Liège de 1483 à 1600. Deuxième partie: 1551 – 1600. 1980, 118 bis 126.

Humbach, Helmut: Eine griechische Inschrift aus Pakistan. Mit Abb. 1976, 15 bis 17.

Hummel, Heribert: Gotische Einbände der Seminarbibliothek Rottenburg am Neckar. Mit Abb. 1979, 297 bis 305 * Heilbronner Einbände aus dem 15. und 16. Jahrhundert. 1980, 284 bis 290.

Hurm, Otto: »Kopf« und »Fuß«. Über die Formbildung der Strichendigungen. Mit Abb. 1976, 18 bis 24 * Über das Nachbilden historischer Handschriften. 1977, 13 bis 18 * Zeilenführung und Lineament, neue Kompositionsformen des Wiener Jugendstils. Mit Abb. 1978, 20 bis 25 * Rudolf von Larisch und die Wiener Secession. Zu seinem 45. Todestag. 1979, 11 bis 17 * Rudolf von Larisch und der Streit Antiqua – Fraktur. 1980, 15 bis 20 * Die Wandlungen der ›Methode Larisch‹. Zum 125. Geburtstag ihres Schöpfers. 1981, 112 bis 123 * Veröffentlichungen von Rudolf von Larisch (ab 1919 entfällt das ›von‹). 1981, 124 f. * Heraldik im Schriftunterricht von Rudolf von Larisch. 1982, 296 bis 302.

Hutz, Ferdinand: Katalog der Drucke von 1520 – 1550 im Chorherrenstift Vorau. (I. Teil.) 1977, 113 bis 126 * Katalog der Drucke des 16. Jahrhunderts im Chorherrenstift Vorau. II. Teil: 1551 – 1570. Mit Abb. 1978, 127 bis 144 * Katalog der Drucke des 16. Jahrhunderts im Chorherrenstift Vorau. III. Teil: 1571 – 1580. 1979, 184 bis 192 * Katalog der Drucke des 16. Jahrhunderts im Chorherrenstift Vorau. IV. Teil: 1581 – 1590. Mit Abb. 1980, 127 bis 141 * Katalog der Drucke des 16. Jahrhunderts im Chorherrenstift Vorau. V. Teil: 1591 – 1600. 1982, 263 bis 269 * Katalog der Drucke des 16. Jahrhunderts im Chorherrenstift Vorau. VI. Teil: Nachtrag und Register. 1983, 215 bis 222.

Janssen, Frans A: Eine Notiz über die sogenannte Blaeu-Presse. Mit Abb. 1977, 155 bis 159.

Ilsøe, Ingrid: Printing, Book Illustration, Bookbinding, and Book Trade in Denmark, 1482 – 1914. A survey of the most important contributions to the history of the Danish book during the last 35 years. (Translated by Ruth **Bentzen**.) 1985, 258 bis 280.

Indestege, Elly siehe **Cockx-Indestege**.

Irás-Melis, Katalin: Bronzene Buchbeschläge aus dem 14. und 15. Jahrhundert in Ungarn. Mit Abb. 1980, 274 bis 283.

Juntke, Fritz: Über drei seltene Erfurter Drucke ›Vom Zutrinken‹. Mit Abb. 1976, 200 bis 206 * Über drei Kalender Jakob Honigers. Mit Abb. 1977, 85 bis 90 * Über drei seltene Erfurter Temporaldrucke Wolfgang Stürmers. Mit Abb. 1978, 115 bis 120 * Über eine satirische astrologische Praktik für das Jahr 1585. Mit Abb. 1979, 193 bis 198 * Die Schleswiger Bibel von 1664 und ihre Einbände. Mit Abb. 1980, 316 bis 324 * Über die Kanontexte des Missale speciale (1498) von Johann Grüninger und Johann Prüß. Mit Abb. 1981, 154 bis 160 * Über Statutenbücher des französischen Ritterordens des hl. Michael und ihre Einbände. Mit Abb. 1982, 331 bis 337.

Kästner, Manfred: Programmdifferenzierung in der Bibelillustration in der ersten Hälfte des 16. Jahrhunderts am Beispiel der Illustrationen zur Schöpfungsgeschichte und zum Sündenfall. Mit Abb. 1986, 81 bis 100.

Kapr, Albert: Die Ablaßbriefe für Neuhausen bei Worms, 1461 und 1462. Mit Abb. 1976, 101 bis 108 * Hat Johannes Gutenberg an der Erfurter Universität studiert? Mit Abb. 1980, 21 bis 29 * Was war das ›Werk der Bücher‹? 1981, 126 bis 129 * Johannes Gutenberg und die Kaiser-Friedrich-Legende. 1985, 105 bis 114.

Karpp, Gerhard: Patient altes Buch. 1986, 377 bis 387.

Kastner, Fritz: Valentin Kobian und Johann Philipp Spies, zwei vergessene Ettlinger Buchdrucker. Mit Abb. 1985, 186 bis 201.

Keil, Corinna (mit Kurt Hans **Staub**): Eine zweibändige Bibel mit Einbänden des Wiener Buchbinders Mathias in der Kirchenbibliothek zu Michelstadt. 1984, 328 bis 331.

Kemper, Raimund: Ein Flugblatt-Druck aus dem Jahre 1751: Reflexionen über die Erzeugung der Menschen. 1978, 178 bis 188.

Kimber, Ida (Übers.) siehe **Steiner** 1982, 58 bis 66.

Kind, Helmut: Die Inkunabeln der Niedersächsischen Staats- und Universitätsbibliothek Göttingen. Mit Abb. 1982, 120 bis 149.

Klauser, Renate siehe **Neumüllers-Klauser**.

Knaus, Hermann: Ein rheinischer Gesamtkatalog des 15. Jahrhunderts. Mit Abb. 1976, 509 bis 519 * (mit Kurt Hans **Staub**:) Eine illuminierte Postinkunabel (Köln, Fraterherren, 1514). Mit Abb. 1977, 104 bis 112 * (Nachruf:) **Borngässer** 1984, 360 bis 362.

König, Eberhard: Möglichkeiten kunstgeschichtlicher Beiträge zur Gutenberg-Forschung: Die 42zeilige Bibel in Cologny, Heinrich Molitor und der Einfluß der Klosterreform um 1450. Mit Abb. 1984, 83 bis 102.

Köster, Kurt: Gutenbergs Straßburger Aachenspiegel-Unternehmen von 1438/1440. Mit Abb. 1983, 24 bis 44.

Koller, Heinrich: Die Reformen im Reich und ihre Bedeutung für die Erfindung des Buchdrucks. 1984, 117 bis 127.

Koppitz, Hans-Joachim: Zum Erfolg verurteilt. Auswirkungen der Erfindung des Buchdrucks auf die Überlieferung deutscher Texte bis zum Beginn des 16. Jahrhunderts. 1980, 67 bis 78 * Zur Information über das Buchwesen heute. 1980, 207 bis 211 * Laudatio bei der Verleihung des Gutenberg-Preises der Stadt Mainz und der Gutenberg-Gesellschaft an Herrn Professor Dr. Hellmut Lehmann-Haupt. 1981, 16 bis 20 * (Übers.) siehe **Steiner** 1982, 58 bis 66 * Gutenberg-Symposion in der Johannes Gutenberg-Universität in Mainz vom 12. bis 14. Oktober 1981: Inwiefern können wissenschaftliche Methoden der Gutenberg- und Inkunabelforschung neue Impulse vermitteln? 1983, 13 bis 15 * Gutenberg-Preis 1983. 1984, 13 * Heinz Roosen-Runge (5. 10. 1912 – 20. 6. 1983). Mit Abb. 1984, 358f. * Zwei Eingaben Alois Auers an die Metternichsche Staatskanzlei aus dem Jahre 1839. Herausgegeben und erläutert. 1985, 202 bis 220 * Wytze Hellinga (* 20. Dezember 1908, † 16. März 1985). Mit Abb. 1985, 354f. * Symposion ›Das illustrierte Buch des 16. Jahrhunderts‹. 1986, 15f. * Goethes Verhältnis zur Zensur. Mit Abb. 1986, 228 bis 240.

Korbel, Wanda siehe **Ptak-Korbel.**

Koschlig, Manfred: Der emblematische Quellgrund zu Mörikes Gedichten ›Das verlassene Mägdlein‹ und ›Nur zu!‹ Mit einem Blick auf die Rabenaas-Strophe bei Thomas Mann. Für Helmut Sembdner. Mit Abb. 1979, 252 bis 268.

Kranz, Dieter: Kann die Verwendung des Hinman-Collators der Gutenberg-Forschung weiterhelfen? Mit Abb. 1983, 68 bis 78.

Krivatsy, Nati H.: Two unique STC books at the Folger Shakespeare Library. Mit Abb. 1979, 160f.

Kroehl, Heinz F.: Massenkommunikation und Zeichenentwicklung. Mit Abb. 1982, 23 bis 34.

Krüger, Eberhard: Vom Ende einer Kunst: Die Gestaltung des osmanischen Buchdrucks. Mit Abb. 1981, 218 bis 222.

Krueger, Ingeborg: Die Buchillustrationen der beiden Friedrich Preller zu Homer. Mit Abb. 1976, 448 bis 473.

Krummel, Donald W.: Early German Partbook Type Faces. Mit Abb. 1985, 80 – 98.

Labarre, Albert: Catalogues de foires de Francfort conservés à Paris. 1976, 485 bis 489 * Sur quelques incunables de Bamberg (1493). Mit Abb. 1977, 80 bis 84 * ›La Passion‹ de Johann Bämler, Augsburg 1475 (Hain 12459). Mit Abb. 1978, 57 bis 62. * Variantes de trois incunables. 1979, 96f. * Les catalogues de Balthazar Bellère à Douai, 1598 – 1636. Mit Abb. 1980, 150 bis 154 * Le Catalogue de Pierre Borremans à Douai, 1614. 1981, 207 bis 209 * L'œuvre d'illustrateur de Martin Baes à Douai. Mit Abb. 1982, 270 bis 276 * Les imprimeurs et les libraires d'Arras au XVIe et au XVIIe siècles. 1983, 223 bis 226.

Lamperstorfer, Aribert A.: Johann Christian Ritter, Pionier des südafrikanischen Buchdrucks. Mit Abb. 1976, 364 bis 371 * Joachim Nikolaus von Dessin, Urheber der ersten öffentlichen Bibliothek im südlichen Afrika. Mit Abb. 1977, 382 bis 388.

Lanckorońska, Maria: Die zeitgeschichtliche Komponente in Dürers Kupferstich des Heiligen Eustachius. Mit Abb. 1977, 309 bis 319 * Die zeitgeschichtliche Komponente in Dürers Kupferstich ›Nemesis‹. Mit Abb. 1978, 286 bis 296 * Die zeitgeschichtliche Komponente in Dürers Stichpaar ›Das große und das kleine Pferd‹. Mit Abb. 1979, 277 bis 282 * (Nachruf:) **Bode** 1980, 365f.

Langer, Gottfried: Von unbekannten Inkunabeldruckern und von Möglichkeiten, deren Namen zu ermitteln. 1976, 172 bis 185 * Von vier sich ähnlichen Titelholzschnitten und deren Verwendung als Druckermarken. Mit Abb. 1977, 91 bis 95 * Von der in einer Inkunabel enthaltenen Kritik an einem Handschriftenregister. Mit Abb. 1978, 82 bis 86 * Vom Nutzen ausführlicher Textbeschreibungen der Inkunabelbeidrucke bei einer Torso-Katalogisierung. 1979, 51f. * Von drei verschiedenen Ausgaben der ›Autoritates notabiles de castitate et moribus‹ und von den Fragen um deren Drucker und die Datierungen. Mit Abb. 1980, 51 bis 66.

Laurenti, Joseph L. (Mitverf.) siehe **Porqueras-Mayo** 1986, 355 bis 360.

Lehmann-Haupt, Hellmut: The Bookfool in the iconography of social typology. Mit Abb. 1976, 439 bis 447 * Hinweise auf russische Buchholzschnitte des frühen 20. Jahrhunderts. Mit Abb. 1982, 277 bis 281.

Lenkey, Susan V.: Migrations of sixteenth century printers. 1976, 218 bis 223.

Madurell i Marimón, Josep-Maria: Claudi Bornat, en Barcelona (1548 – 1581). Mit Abb. 1979, 162 bis 171.

Mardersteig, Giovanni: Italienische illustrierte Ausgaben der Fabeln des Äsop, insbesondere der Veroneser Druck von 1479. Mit Abb. (davon 3 farbig). 1977, 234 bis 243 (siehe auch **Donati** 1976, 138 bis 146 und **Eberhardt** 1977, 244 bis 250) * (Nachruf:) **Zapf** 1978, 14 bis 17 (mit Abb.).

Margolin, Jean-Claude: Sur quelques exemplaires des ›Progymnasmata‹ d'Aphthonius conservés dans des Bibliothèques parisiennes. Mit Abb. 1979, 228 bis 240.

Marimón, Josep Maria siehe **Madurell i Marimón.**

Marks, Richard B.: The significance of fifteenth-century hand corrections in the Düsseldorf exemplars of some Therhoernen's editions of the works of Werner Rolevinck. Mit Abb. 1977, 49 bis 56.

Mathy, Helmut: Das Mainzer Druckerei-Privileg für Johann Friedrich Schiller aus dem Jahre 1784. 1978, 198 bis 201 * Die letzten Aktivitäten Georg Forsters als Mainzer Universitätsbibliothekar. 1979, 319 bis 324.

Mazal, Otto: Die byzantinische Literatur im Buchdruck des 15. Jahrhunderts. 1982, 150 bis 169 * Paläographie und Paläotypie im Dienste der Gutenbergforschung. Mit Abb. 1983, 79 bis 88.

Melis, Katalin siehe **Irás-Melis.**

Mertens, Eberhard: Micro-Editionen im Verlags- und Bibliothekswesen. Mit Abb. 1981, 62 bis 69.

Meuthen, Erich: Ein neues frühes Quellenzeugnis (zu Oktober 1454?) für den ältesten Bibeldruck. Enea Silvio Piccolomini am 12. März 1455 aus Wiener Neustadt an Kardinal Juan de Carvajal. 1982, 108 bis 118 (siehe auch **Geldner** 1984, 133 bis 139).

Milde, Wolfgang: Zu den beiden Bonerdrucken Albrecht Pfisters (GW 4839 und 4840). Mit Abb. 1976, 109 bis 116.

Milham, Mary Ella: The Latin editions of Platina's ›De honesta voluptate‹. 1977, 57 bis 63 * The vernacular translations of Platina's ›De honesta voluptate‹. Mit Abb. 1979, 87 bis 95.

Mohr, Konrad: Grußworte der Landesregierung Rheinland-Pfalz bei der Verleihung des Gutenberg-Preises der Stadt Mainz und der Gutenberg-Gesellschaft an Herrn Professor Dr. Hellmut Lehmann-Haupt. 1981, 15.

Morat, Eckart: Die Entwicklung der Herstellung von Druckvorlagen für den Druck von Musiknoten seit 1945. Mit Abb. 1984, 77 bis 82.

Moritz, Walter: Die Anfänge des Buchdrucks in Südwestafrika/Namibia. Mit Abb. 1979, 269 bis 276.

Mullally, Robert: The editions of Antonius Arena's ›Ad Suos Compagnones Studiantes‹. 1979, 146 bis 157.

Mullett, Michael: Historical records and early printed books at Lancaster Quaker Meeting House. 1978, 358 bis 362.

Mundry, Eberhard (Mitverf.) siehe **Schnitger** 1983, 49 bis 67.

Neumüllers-Klauser, Renate: Auf den Spuren der Beutelbücher. Mit Abb. 1980, 291 bis 301.

Nickel, Holger: Entwicklungen im frühen deutschen Buchhandel. 1976, 482 bis 484.

Noelle-Neumann, Elisabeth: Fernsehen und Lesen. Ein Werkstatt-Bericht. 1982, 35 bis 46 * Lesen in der Informationsgesellschaft. Vortrag am 27. Juni 1985 in der Universität Mainz. 1986, 295 bis 301.

Nop, Vladimír: Über den Stiftungsakt der Schloßbibliothek in Kremsier. (Nebst) Anhang: Die Münzsammlung der Olmützer Erzbischöfe. (Teil 1.) Mit Abb. 1977, 375 bis 381 * Die ältesten Kataloge der Bischöflichen Bibliothek zu Kremsier. (Nebst) Anhang: Die Münzsammlung der Olmützer Erzbischöfe. Teil 2. Mit Abb. 1978, 363 bis 370 * Die Verwaltung und Benutzung der Bischöflichen Bibliothek zu Kremsier. (Nebst) Anhang: Die Münzsammlung der Olmützer Erzbischöfe. Teil 3. 1979, 315 bis 318 * Die Kataloge der Bischöflichen Bibliothek zu Kremsier. (Nebst) Anhang: Die Münzsammlung der Olmützer Erzbischöfe. Teil 4. 1980, 355 bis 358 * Die Bischöfliche Bibliothek zu Kremsier im 18. Jahrhundert. 1981, 261 bis 264.

Odriozola, Antonio: Los Protoincunables (1472 a 1479) impresos por Juan Parix en Segovia (España) y Toulouse (Francia). Mit Abb. 1976, 130 bis 137.

Ovink, Gerrit Willem: Dankwort und Ansprache. 1984, 18 bis 24.

Paisey, David L.: Dating a stock catalogue of Peter Braubach. Mit Abb. 1976, 248 bis 253 * The first fruits of Johann Friedrich Hager, printer at Göttingen, in 1729: Poems for King George II of England. Mit Abb. 1977, 170 bis 182 * German Newspapers of the seventeenth century in the Public Record Office, London. 1978, 168 bis 172 * The ›Officina Poetica‹ at Leipzig, 1619 – 1623. Mit Abb. 1979, 205 bis 209 * Some sources of the ›Kunstbüchlein‹ of 1535. 1980, 113 bis 117 * Two Aschaffenburg Messrelationen, 1628 and 1629. 1981, 210 bis 213 * Roman Type for German text: A Proponent in 1733. For Anna Simoni. 1983, 232 bis 240.

Paoli, Marco: La Biblioteca di Cesare Lucchesini. Mit Abb. 1978, 371 bis 377.

Peixoto, Jorge: Novo trabalho di imprensa nacional do Rio de Janeiro – decreto de 1813. Mit Abb. 1977, 211 f.

Pflug, Günther: Gutenbergs Erbe heute: Die bibliographische Situation. 1982, 47 bis 50.

Picard, Bertold: Zur Tauglichkeit der gesetzlichen Bestimmungen über die Ablieferungspflicht von Druckwerken an die Deutsche Bibliothek in Frankfurt am Main. 1982, 51 bis 57.

Pingree, Isabelle: Richenbach bindings in the United States. Mit Abb. 1977, 330 bis 344.

Pirozyński, Jan (mit Wanda **Ptak-Korbel**): A historical outline of Cracow printing in the 16th to the 18th century. Mit Abb. 1976, 392 bis 412.

Plümacher, Eckhard: Ein unbekannter Berliner Drucker aus der Zeit des Dreißigjährigen Krieges: Mathias Zypsen. Ein Beitrag zur Frühgeschichte des Berliner Zeitungswesens. Mit Abb. 1984, 163 bis 171.

Politis, Alexis: Le livre comme producteur de savoir oral. L'approche du problème et ses difficultés. 1985, 252 bis 257.

Pollak, Michael: Some observations on printing in a Hebrew text dated 1612. Mit Abb. 1976, 315 bis 325 * The invention of printing in Hebrew Lore. 1977, 22 bis 28.

Porqueras-Mayo, Alberto (mit Joseph L. **Laurenti**): La collección del padre Rivadeneyra, S. J. (1527 a 1611) en la Biblioteca de la Universidad de Illinois (siglos XVI y XVII). 1986, 355 bis 360.

Powers, Sandra L.: English bindings on continental books: Factors in the study of early book trade. Mit Abb. 1980, 302 bis 309.

Presser, Helmut: Briefe des Frühdruckers Jodocus Pflanzmann. Mit Abb. 1983, 172 bis 176.

Probst, Wilhelm: Die Entwicklung der Drucktechnik im Spiegel eines Literaturberichts (1966 – 1981). 1982, 303 bis 318.

Przywecka-Samecka, Maria: Problematik des Musiknotendrucks in der Inkunabelzeit. 1978, 51 bis 56.

Ptak-Korbel, Wanda (Mitverf.) siehe **Pirozyński** 1976, 392 bis 412.

Quarg, Gunter: Seltene Lutherdrucke der Universitäts- und Stadtbibliothek Köln. Mit Abb. 1985, 155 bis 161.

Rabenau, Konrad von: Ein Einband aus dem Besitz Lucas Cranachs d. J. Mit Abb. 1980, 310 bis 315.

Ranc, Robert: A propos de deux éditions de la tragédie ›Annibal‹ de Firmin Didot. Mit Abb. 1977, 213 bis 218.

Ratzke, Dietrich: Die Bildschirmzeitung – ›Teletext‹. Mit Abb. 1976, 383 bis 387.

Reichenberger, Kurt und Roswitha **Reichenberger**: Die Erfassung der älteren spanischen Literatur. Standardwerke, laufende Projekte, Forschungsvorhaben. 1985, 281 bis 302.

Reichenberger, Roswitha (Mitverf.) siehe **Reichenberger,** Kurt 1985, 281 bis 302.

Reifenberg, Hermann: Bibliographia liturgica: Die lateinischen und deutschen Missalien seit dem 2. Vatikanischen Konzil. Buchkundliche und liturgiesystematische Aspekte eines neuen Meßbuchtyps. Mit Abb. 1985, 221 bis 232.

Rhodes, Dennis E.: Two Venetian editions of Aristotle's ›De Anima‹. With an account of the career of Lucas Olchinensis. Mit Abb. 1976, 186 bis 189 * Francesco detto il Faventino. Mit Abb. 1977, 144 f. * A Paris Incunable lost and found. Mit Abb. 1978, 78 bis 81 * The case of Jean Mérausse. 1979, 134 f. * Raphael Franciscus equals Raphael Francus, Florentinus. 1980, 79 bis 81 * The first collected Latin edition of Xenophon. 1981, 151 bis 153 * Altissimo: GW 1581. 1982, 234f. * Nicolaus Angelius: GW 1905. 1983, 177f. * The Fifteenth-Century Editions of Johannes Gerson, De custodia linguae. 1984, 140f. * The three Florentine editions of the Psalterio di Sancto Hieronymo abreviato. 1985, 153f. * Gratiadei of Ascoli and Ioannes Baptista Gratiadei. 1986, 177 bis 179.

Ringel, Ingrid Heike: Ein weiteres Exemplar eines 31zeiligen Ablaßbriefes von 1455. Mit Abb. 1985, 99 bis 104.

Rob, Walter: Österreichs Verlagswesen in Vergangenheit und Gegenwart. 1985, 233 bis 251.

Röhling, Horst: Deutsche und österreichische Rechtsliteratur im russischen Buchdruck des 18. Jahrhunderts. Herrn Universitätskanzler Dr. jur. Wolfgang Seel zum 60. Geburtstag mit guten Wünschen. 1976, 340 bis 350 * Koranausgaben im russischen Buchdruck des 18. Jahrhunderts. Professor Dr. Konrad Onasch zum 60. Geburtstag mit unvergessenem Dank und Segenswünschen. 1977, 205 bis 210 * Zum Druck serbischer Schulbücher im 18. Jahrhundert. Die Anfänge der prosveta. 1979, 246 bis 251.

Rösing, Helmut und Joachim Schlichte: Die Serie A/I des RISM. Eine Dokumentation der Musikdrucke von den Anfängen bis 1800. Mit Abb. 1983, 131 bis 139.

Rolle, Dietrich: Titel und Überschrift. Zur Funktion eines literarischen Elements. 1986, 281 bis 294.

Roosen-Runge, Heinz: Neue Wege zur Erforschung von illuminierten Handschriften und Drucken der Gutenberg-Zeit. Mit vier Farbtafeln. 1983, 89 bis 104 * (Nachruf:) **Koppitz** 1984, 358f. mit Abb.

Rosenfeld, Hellmut: Die Münchner Gebetsrolle Clm 28961. Zur Buch- und Frömmigkeitsgeschichte des 15. Jahrhunderts. Mit Abb. 1976, 48 bis 56 (siehe auch **Becker** 1976, 57 bis 63) * Erzählende Volkspublizistik im Mittelalter. Französische Spielkarten um 1500 als Dokumente verlorener Volksliteratur. Mit Abb. 1978, 90 bis 95 * Der ›Mercurius‹ im 17. Jahrhundert als ›Newe Zeitung‹ und als Persiflage. Mit Abb. 1979, 221 bis 227 * Ein Meistergesang als illustriertes Volksbuch mit Kartenspielabbildungen (1520). Mit Abb. 1980, 97 bis 104 * ›Die acht Schalkheiten‹, ›Die sechzehn Schalkheiten‹ und Peter Schöffers ›Schalksgesinde auf der Frankfurter Messe‹: Bilderbogen und Flugblätter aus dem Bereich des Fastnachtspieles. Mit Abb. 1981, 193 bis 206 * Hat Gutenberg sein Erfurter Studium 1418 für ein Jahr unterbrochen? 1982, 106f. (siehe dazu **Geldner** 1976, 66 bis 73, und **Kapr** 1980, 21 bis 29, sowie **Corsten** 1983, 159 bis 162) * Das Münchner Eigengerichtsspiel von 1510, Hans Schobsers Druck von 1510 und seine Illustrationen von Jan Pollack. Mit Abb. 1982, 225 bis 233 * Holbeins Holzschnittfolge ›Bilder des Todes‹ und der Basler Totentanz sowie andere Beispiele von der Einwirkung der frühen Buchillustration auf andere Werke. Mit Abb. 1984, 317 bis 327 * Der neu entdeckte oberrheinische Eselkopf-Kartenspiel-Druck (ca. 1540). Mit Abb. 1986, 344 bis 354.

Rosenthal, Avraham: Some remarks on ›The daily performance of a printing press in 1476‹. Mit Abb. 1979, 39 bis 50 (siehe auch **Pollak** 1974, 66 bis 76).

Rózsa, György: Conservation et renouvellement: 150 ans de la Bibliothèque de l'Académie des Sciences de Hongrie. 1978, 378 bis 380.

Rozsondai, Marianne: Drei Kobergersche Makulaturblätter. Mit Abb. 1977, 345 bis 347 * Über einen autographisch dedizierten Osius-Band. Mit Abb. 1978, 309 bis 312 * Wiener Dominikanereinbände in der Bibliothek der Ungarischen Akademie der Wissenschaften. Mit Abb. 1981, 234 bis 244 * Die Bücher eines Dominikaners des 15. Jahrhunderts. Mit Abb. 1982, 186 bis 192.

Rumbold, Ian F.: The Library of Hermann Pötzlinger (ca. 1415 – 1469), Rector Scolarium at the Monastery of St Emmeram, Regensburg. Mit Abb. 1985, 329 bis 340.

Saffrey, Henri Dominique: Trois ›Avis au lecteur‹ de Mathias Schürer, imprimeur à Strasbourg. 1979, 143 bis 145 * Sur une image incunable de Saint Dominique. Mit Abb. 1982, 193 bis 196.

Schanze, Frieder: Einblattdrucke von Hans Hochspringer d. J., Jakob Köbel und Adam Dyon. 1984, 151 bis 156 * Der ›Neithart Fuchs‹-Druck von 1537 und sein verschollener Vorgänger. 1986, 208 bis 210.

Schaper, Friedrich-Wilhelm: Die Stunde der Kooperation. Konzentration und Kooperation im Verlagswesen der Bundesrepublik Deutschland. 1976, 500 bis 508.

Schlichte, Joachim (Mitverf.) siehe **Rösing** 1983, 131 bis 139.

Schmiedt, Heinz H.: Anmerkungen über die Lebensdauer von Drucktexten, Druckpapieren und Büchern. 1982 (Sonderbeilage), 39 bis 42.

Schneider, Peter: Was will die Deutsche Lesegesellschaft? 1978, 241 bis 245.

Schnitger, Dierk (mit Eva **Ziesche** und Eberhard **Mundry**): Elektronenradiographie als Hilfsmittel für die Identifizierung schwer oder nicht erkennbarer Wasserzeichen. Mit Abb. 1983, 49 bis 67.

Schwarzmann, Aribert: Die neue Rechtsform der österreichischen Staatsdruckerei. 1982, 92 bis 94.

Servolini, Luigi: Le incisioni di Jacopo de' Barbari. Mit Abb. 1977, 229 bis 233 * Catalogo delle incisioni di Jacopo de' Barbari. Mit Abb. 1978, 266 bis 270 * Le edizioni dei fratelli De Gregoriis e una loro raccolta nella Biblioteca di Forlì. Mit Abb. 1979, 120 bis 133 * Un insigne bibliofilo e bibliografo, Gaetano Poggiali. Mit Abb. 1981, 214 bis 217.

Šešplaukis, Alfonsas: Lituanica in European Research Libraries. 1978, 381 bis 385.

Shaw, David J.: Early Parisian editions of the works of Coquillart. 1976, 213 bis 217 * Books printed by Antoine Caillaut after 1500. 1979, 140 bis 142.

Siener, Joachim: Ein neues Verfahren zur Abbildung von Wasserzeichen. Mit Abb. 1981, 99 bis 102.

Simonov, Vladimir I.: Deutsche Zeitungen des 17. Jahrhunderts im Zentralen Staatsarchiv für alte Akten (CGADA), Moskau. 1979, 210 bis 220 * Aus der Geschichte der periodischen Zeitung in Riga im 17. Jahrhundert. Mit Abb. 1984, 172 bis 179.

Smith, Julie A.: Woodcut Presentation in books printed by Caxton, de Worde, Pynson. Mit Abb. 1986, 322 bis 343.

Soltész, Elisabeth: Ein unbekannter Wandkalender der Wiener Jesuitendruckerei mit Decalogus-, Credo- und Pater-Noster-Illustrationen. Mit Abb. 1976, 264 bis 269 * Ein bisher unbekannter Einblattdruck Michael Greyffs, betreffend die Ablaßverkündigung des Papstes Sixtus IV. Mit Abb. 1977, 72 bis 74 * Bisher unbestimmte Petreius-Druckschriften. Mit Abb. 1980, 105 bis 112 * Ein bisher unbekanntes Breviarium Strigoniense aus dem Jahre 1502. Mit Abb. 1982, 220 bis 224.

Staub, Kurt Hans: Die Immenhäuser Gutenbergbibel. Mit Abb. (davon 3 farbig). 1976, 74 bis 85 * (Mitverf.) siehe **Knaus** 1977, 104 bis 112 * Hermann Knaus zum 70. Geburtstag. 1977, 393 bis 395 * Ilse Schunke in memoriam. Dresden 30. 12. 1892 bis 1. 3. 1979. Mit Abb. 1980, 367 bis 369 * (Mitverf.) siehe **Keil** 1984, 328 bis 331.

Stefen, Rudolf: Jugendzeitschriften und Jugendmedienschutz. 1978, 234 bis 240.

Steinbuch, Karl: Das Buch in der zukünftigen Medienkonkurrenz. 1981, 70 bis 81.

Steiner, George: Nach dem Buchzeitalter (After the Book). Deutsch von Ida **Kimber** und Hans-Joachim **Koppitz**. 1982, 58 bis 66.

Stickler, Alfons M.: Das Buch. Seine Aufgabe, seine Gefährdung, seine Bewahrung, seine Rettung. 1982 (Sonderbeilage), 43 bis 51.

Stopp, Klaus: Ein ungewöhnliches Flugblattimpressum mit der Angabe von zwölf vorherigen Flugblattdrucken gleichen Inhalts. Mit Abb. 1983, 227 bis 231.

Stromer, Wolfgang von: Hans Friedel von Seckingen, der Bankier der Straßburger Gutenberg-Gesellschaften. 1983, 45 bis 48.

'Swierk, Alfred: Hieronymus Vietor (Wietor) – ein Pionier des polnischen Buchdrucks im 16. Jahrhundert. 1976, 194 bis 199.

Szántó, Tibor: Die Synthese von Tradition und Modernität in der Buchtypographie. Mit Abb. 1978, 218 bis 226.

Thilo, Ralf Michael: Drucke des Corpus Iuris Civilis im deutschen Sprachraum. 1984, 52 bis 66.

Tomaszewski, Roman: Die polnische Lesemaschine CTM-02. Mit Abb. 1978, 227 bis 233.

Tóth, András: Ungarische Bibliotheksgeschichte. Vom Frieden von Szatmár (1711) bis zum österreich-ungarischen Ausgleich (1867). 1986, 361 bis 376.

Tournoy, Gilbert: The literary production of Hieronymus Balbus at Paris. 1978, 70 bis 77.

Trautner, Hans-Joachim: Ein kursächsischer Wappeneinband. Mit Abb. 1977, 348 bis 357 * Ovidausgaben von Jean I. und Jean II. de Tournes. Mit Abb. 1978, 145 bis 155 * Ein Augsburger Einband, datiert 1623. Mit Abb. 1979, 306 bis 314.

Urban, Helmut: Zur Druckgeschichte der ›Declaratio Ferdinandea‹ (1555). Mit Abb. 1976, 254 bis 263 *

Buchdruck des 16. und 17. Jahrhunderts. Literaturbericht 1975–1977. 1978, 253 bis 265 ∗ Buchdruck des 16. und 17. Jahrhunderts. Literaturbericht 1978–1979. 1980, 183 bis 199 ∗ Buchdruck des 16. und 17. Jahrhunderts. Literaturbericht 1980–1982. 1983, 241 bis 265.

Van der Laan, James M.: ›Das tauffbucblin verdeudscht‹: Martin Luther, Book Production and Bibliography. Mit Abb. 1985, 162 bis 166.

Varjas, Béla: Das Schicksal einer Druckerei im östlichen Teil Mitteleuropas (Andreas Hess in Buda). 1977, 42 bis 48.

Veyrin-Forrer, Jeanne: Le deuxième atelier typographique de Paris: Cesaris et Stol. Mit Abb. 1976, 117 bis 129.

Vizkelety, András: Ein unbekanntes Loblied auf Gutenberg aus dem Jahre 1602. 1981, 139 bis 142.

Vorderstemann, Jürgen: Eine neue Augsburger Bücheranzeige aus der Mitte der achtziger Jahre des 15. Jahrhunderts. Mit Abb. 1980, 44 bis 50.

Vorndran, Rolf: Kurzer Überblick über die Drucke der südslawischen Bibelanstalt in Urach. Mit Abb. 1976, 291 bis 297.

Wagner, Klaus: Una señal de libra desconocida. Mit Abb. (und deutscher Zusammenfassung). 1977, 19 bis 21.

Wanner, Gustav Adolf: 400 Jahre Haas'sche Schriftgießerei. Mit Abb. 1979 (Beilage), I bis XVI.

Weber, Bruno: »Die Welt begeret allezeit Wunder.« Versuch einer Bibliographie der Einblattdrucke von Bernhard Jobin in Straßburg. Mit Abb. 1976, 270 bis 290 ∗ »In absoluti hominis historia persequenda.« Über die Richtigkeit wissenschaftlicher Illustration in einigen Basler und Zürcher Drucken des 16. Jahrhunderts. Mit Abb. 1986, 101 bis 146.

Weil, Françoise: Les livres de permission tacite en France au XVIIIe siècle. Mit Abb. 1986, 211 bis 227.

Weiß, Wisso: Grünes Papier zum Zwecke des Buchdrucks. Mit Abb. 1976, 25 bis 35 ∗ Zum Papier der Wieland-Prachtausgabe. Mit Abb. 1978, 26 bis 31 ∗ Zum Papier einiger Lessing-Druckschriften. Mit Abb. 1980, 174 bis 182 ∗ Zur Entstehung der schattierten Wasserzeichen. Mit Abb. 1981, 103 bis 111 ∗ Zur Entwicklungsgeschichte des Vorsatzpapiers. Mit Abb. 1983, 140 bis 158 ∗ Das Buch im Wasserzeichenbild. Mit Abb. 1984, 103 bis 116 ∗ Das Buch im Wasserzeichenbild (Fortsetzung). Mit Abb. 1985, 65 bis 79 ∗ Zum Wasserzeichen ›Kundschafter‹. Mit Abb. 1986, 155 bis 161.

Weißenberger, Paulus Albert: Schicksale und Exlibris der Bücherei des ehemaligen Prämonstratenserstifts Obermarchtal/Donau. Mit Abb. 1976, 474 bis 481.

Widmann, Hans: »Describas licet«: Eine ciceronische Analogformel zum Druckreif-Vermerk. 1976, 36 bis 40 ∗ Weiteres zur Fachsprache des Frühdrucks. 1976, 96 bis 100 (siehe auch **Gerhardt** 1976, 92 bis 95) ∗ Zum Gedenken an Albert Kolb, 1891–1975. Mit Abb. 1976, 526 f. ∗ (Nachruf:) **Geldner** 1976, 7 bis 9 (mit Abb.).

Willberg, Hans Peter: Ad Fontes. Zur Problematik der formalen Interpretation klassischer Schriften unter besonderer Berücksichtigung des Fotosatzes. Mit Abb. 1981, 82 bis 96.

Willemer, Wilhelm (Mitverf.) siehe **Hein** 1982 (Sonderbeilage), 27 bis 37.

Willemetz, Geneviève: L'Imprimerie nationale – cinq siècles de typographie nationale. Mit Abb. 1982, 95 bis 105.

Wurm, Heinrich: Eine papiergeschichtliche Datensammlung. Italienische Architektur-Zeichnungen der Renaissance als Modell. Mit Abb. 1986, 147 bis 154.

Yamey, Basil S.: Two typographical ambiguities in Pacioli's ›Summa‹ and the difficulties of its translators. Mit Abb. 1976, 156 bis 161 ∗ Two typographical ambiguities in Pacioli's ›Summa‹: Further notes. Mit Abb. 1980, 363 f.

Zapf, Hermann: Schrift in der Öffentlichkeit. 1976, 388 bis 391 ∗ In memoriam Giovanni Mardersteig. Mit Abb. 1978, 14 bis 17.

Zeyen, Fritz Otto (Mitverf.) siehe **Gast** 1982 (Sonderbeilage), 17 bis 26 (mit Abb.).

Ziesche, Eva (Mitverf.) siehe **Schnitger** 1983, 49 bis 67.

2. PERSONEN-, ORTS- UND SACHREGISTER

Aachenspiegel-Unternehmen siehe **Gutenberg,** Johannes (Leben).

Ablaßbrief
— 31zeiliger (von 1455): Ringel 1985, 99 bis 104 (mit Abb.).
— für Neuhausen bei Worms (von 1461 und 1462): Kapr 1976, 101 bis 108 (mit Abb.).

Acrosticha siehe **Figuralakrostichen.**

Addle Hill (England)
— Shakespeare-Drucke, 1597 – 1599: Avis 1979, 199 bis 204.

Äsop-Ausgaben (italienische illustrierte Ausgaben; Veroneser Druck von 1479): Donati 1976, 138 bis 146 (mit Farb-Abb.). – Mardersteig 1977, 234 bis 243 (mit Farb-Abb.). – Eberhardt 1977, 244 bis 250 (gegen Donati 1976, 138 bis 146).

Almanache
— auf das Jahr 1489 (Ulmer Praktik): Amelung 1982, 211 bis 219 (mit Abb.).
— auf das Jahr 1494: Juntke 1977, 85 bis 90 (mit Abb.).
— von 1496 (Einblattkalender): Amelung 1980, 235 bis 245 (mit Abb.).
— auf das Jahr 1504: Cockx-Indestege 1977, 96 bis 103 (mit Abb.).
— auf das Jahr 1513: Juntke 1977, 85 bis 90 (mit Abb.).
— für 1585 (astrologische Praktik): Juntke 1979, 193 bis 198 (mit Abb.).

Alternativpresse (in der Bundesrepublik Deutschland): Bohr 1984, 241 bis 316.

Alternativzeitschriften (in der Bundesrepublik Deutschland): Bohr 1984, 241 bis 316.

›**Altissimo**‹, GW 1581: Rhodes 1982, 234 f.

Amerika (Vereinigte Staaten von Amerika) siehe **USA.**

Anshelm (Anselm), Thomas (Drucker in Straßburg, ab 1488; in Pforzheim, ab 1495; in Tübingen, ab 1511; in Hagenau, 1516 – 1522)
— Drucker von Niclas Wolgemut: Ermanung wider die Türken, Pforzheim 1500: Geldner 1983, 166 bis 171.

Antiqua siehe **Schrift; Typen.**

Architekturzeichnungen (der Renaissance als papiergeschichtliche Datensammlung): Wurm 1986, 147 bis 154 (mit Abb.).

Arena, Antonius de (franz. Dichter, 16. Jh.)
— Ausgaben von ›Ad Suos Compagnones Studiantes‹: Mullally 1979, 146 bis 157.

Arras (Frankreich)
— Drucker und Buchhändler im 16. und 17. Jh.: Labarre 1983, 223 bis 226.

Aschaffenburg
— Meßrelationen (Zeitungen), 1628 und 1629: Paisey 1981, 210 bis 213.

Astrologie (astrologische Praktik/Prognostik, 16. Jh.): Juntke 1979, 193 bis 198 (mit Abb.).

Athen
— Centre for Neo-Hellenic Research of the National Hellenic Research Foundation: Droulia 1982, 84 bis 91.

Auer, Alois (* 1813, † 1869, Direktor der österreichischen Staatsdruckerei in Wien)
— zwei Eingaben an die Metternichsche Staatskanzlei (1839): Koppitz 1985, 202 bis 220.

Augsburg
— *Drucker/Verleger:* Bämler, Johann. – *Hohenwang,* Ludwig. – *Pflanzmann,* Jodocus. – *Ratdolt,* Erhard.
— Almanach/Einblattkalender (von 1496): Amelung 1980, 235 bis 245 (mit Abb.).
— Bücheranzeige (um 1480): Vorderstemann 1980, 44 bis 50 (mit Abb.).
— Einband (aus Sankt Ulrich und Afra, 1623): Trautner 1979, 306 bis 314 (mit Abb.).

Avignon
— *Drucker/Verleger:* Roux, Pierre.

›**Aviso**‹ (Zeitung, Wolfenbüttel 1618 – 1623): Blühm 1976, 326 bis 332 (mit Abb.).

Bämler, Johann († 1508, Drucker in Augsburg)
— Passio Jesu Christi . . ., 1475 (H 12459): Labarre 1978, 57 bis 62 (mit Abb.).

Baes, Martin (Illustrator in Douai, 17. Jh.): Labarre 1982, 270 bis 276 (mit Abb.).

Baiern siehe **Bayern**.

Balbus, Hieronymus (Humanist, Ende des 15. Jhs): Tournoy 1978, 70 bis 77.

Bamberg
— *Drucker/Verleger: Pfister,* Albrecht.
— Bonerdrucke Albrecht Pfisters (GW 4839/4840): Milde 1976, 109 bis 116 (mit Abb.).
— Inkunabeln (von 1493): Labarre 1977, 80 bis 84 (mit Abb.).

Barbari, Jacopo de (italienischer Kupferstecher, 15./16. Jh.): Servolini 1977, 229 bis 233 (mit Abb.). — Servolini 1978, 266 bis 270 (mit Abb.).

Barcelona
— *Drucker/Verleger: Bornat,* Claudi.

Bartolus de Saxoferrato
— Super I. parte Infortiati (Nachdruck in Lyon und Venedig, 1493–1499): Bruckner 1981, 163 bis 170 (mit Abb.).

Basel
— *Drucker/Verleger: Froben,* Johann. — *Hohenwang,* Ludwig. — *Lachner,* Wolfgang.
— Buchdruck, 1479–1619: Hieronymus 1982, 170 bis 185 (mit Abb.).
— Buchillustration, 16. Jh.: Hieronymus 1980, 258 bis 273. — Weber 1986, 101 bis 146 (mit Abb.). — (Renaissanceformen und -motive:) Hieronymus 1986, 68 bis 80 (mit Abb.).

Bayern
— Buchdruck (Anfänge): Geldner 1979, 18 bis 38 (mit Abb.). — Geldner 1982, 197 bis 208 (mit Abb.).

Beck, Hanns siehe **Pekk**.

Bela siehe **Klaudyán,** Mikuláš.

Belgien
— Anfänge des Buchdrucks in den südlichen Niederlanden: Heireman 1976, 86 bis 91.
— Buchdruck, 15./16. Jh.: Hoven 1978, 121 bis 126. — Hoven 1979, 78 bis 86 (Teil 1); 1980, 118 bis 126 (Teil 2).

Bellère, Balthazar (Drucker in Douai, 1598–1636): Labarre 1980, 150 bis 154 (mit Abb.).

Berlin
— *Drucker/Verleger: Runge,* Georg. — *Zypsen,* Mathias.
— Zeitungswesen im 17. Jh.: Plümacher 1984, 163 bis 171 (mit Abb.).

Bernhardi, Bartholomäus (Probst zu Kemberg bei Wittenberg, ab 1519)
— Verteidigungsschrift: Baurmeister 1977, 127 bis 133 (mit Abb.).

Beutelbücher
— in der bildenden Kunst: Alker 1978, 302 bis 308. — Neumüllers-Klauser 1980, 291 bis 301 (mit Abb.).

Bibeldruck
— frühes Quellenzeugnis (zu Oktober 1454?) für den ältesten Bibeldruck: Meuthen 1982, 108 bis 118.
— Enea Silvio de'Piccolomini (Papst Pius II.) als Zeuge für die beiden ältesten Bibeldrucke: Geldner 1984, 133 bis 139 (gegen **Meuthen** 1982, 108 bis 118).
— Paulus Paulirinus als Zeuge für die beiden ältesten Bibeldrucke: Geldner 1984, 133 bis 139 (gegen **Meuthen** 1982, 108 bis 118).
— *42zeilige Bibel (B 42)*
— — Illuminierung: König 1984, 83 bis 102 (mit Abb.).
— — Immenhäuser Exemplar: Staub 1976, 74 bis 85 (mit Abb. und Farb-Abb.).
— — Klosterreform um 1450 und der Einfluß auf die B 42: König 1984, 83 bis 102 (mit Abb.).
— — Rotdruck: Goff 1981, 130 bis 135 (mit Abb.).
— — eine weitere gedruckte Rubrik: Corsten 1981, 136 bis 138 (*Richtigstellung:* Corsten 1982, 119).
— Siehe auch **Buchillustration**.

Bibelillustration siehe **Buchillustration**.

Bibliofilia, La (Zeitschrift. Vol. 1 ff. Firenze: Olschki 1899 ff.): Balsamo 1981, 223 bis 228 (mit Abb.).

Bibliographien
— Bibliographien zum *Buch- und Bibliothekswesen:* Koppitz 1980, 207 bis 211.
— die heutige *bibliographische Situation:* Pflug 1982, 35 bis 46.
— *Bibliographia liturgica:* Reifenberg 1985, 221 bis 232 (mit Abb.).
— Erfassung der *Buchillustrationen* des 15. und 16. Jhs in den Niederlanden: Breugelmans 1986, 57 bis 59.
— *Lutherbibliographie:* Van der Laan 1985, 162 bis 166 (mit Abb.).
— Erfassung der älteren *spanischen Literatur:* Reichenberger 1985, 281 bis 302 (mit Abb.).

Bibliophile
— Gaetano Poggiale (* 1753, † 1814): Servolini 1981, 214 bis 217 (mit Abb.).

Bibliotheken
— *Allgemeines*
— — Buchpflege: Bansa 1982 (Sonderbeilage), 3 bis 15. — Gast/Zeyen 1982 (Sonderbeilage), 17 bis 26. — Karpp 1986, 377 bis 387.

— *Bibliotheken in einzelnen Ländern und Orten*
— — Budapest, Bibliothek der Ungarischen Akademie der Wissenschaften: (150 Jahre:) Rózsa 1978, 378 bis 380. – (Bücher eines Dominikaners des 15. Jhs:) Rozsondai 1982, 186 bis 192 (mit Abb.). – (Sammlung der lateinischen Codices:) Csapodi 1977, 389 bis 392. – (Osius-Band:) Rozsondai 1978, 309 bis 312 (mit Abb.). – (Wiener Dominikanereinbände:) Rozsondai 1981, 234 bis 244 (mit Abb.).
— — Illinois (die Büchersammlung von Pater Rivadeneyra, S. J. (1527 – 1611) in der Bibliothek der Universität von Illinois): Laurenti/Porqueras-Mayo 1986, 355 bis 360.
— — Lancaster: (Quaker Meeting House:) Mullett 1978, 358 bis 362. – (Universitätsbibliothek, Quäkersammlung:) Andrews 1976, 333 bis 339 (mit Abb.).
— — in Lothringen (an der Schwelle vom Mittelalter zur Neuzeit): Finger 1981, 265 bis 276.
— — in Rumänien (17./18. Jh.): Dima-Drăgan 1978, 347 bis 357 (mit Abb.).
— — in Ungarn (1711 – 1867): Tóth 1986, 361 bis 376.
— *Geistliche, Kloster- und Ordens-Bibliotheken*
— — Inzigkofen, ehemalige Klosterbibliothek: Engelmann 1976, 520 bis 525 (mit Abb.).
— — Kremsier, Bischöfliche Bibliothek: (Älteste Kataloge:) Nop 1978, 363 bis 370 (mit Abb.). – (Verwaltung und Benutzung:) Nop 1979, 315 bis 318. – (Neuere Kataloge:) Nop 1980, 355 bis 358. – (im 18. Jh.:) Nop 1981, 261 bis 264.
— — Mergentheim, Bibliothek des Deutschen Ordens: Finger 1980, 325 bis 354 (mit Abb.), Teil 1; 1981, 245 bis 264 (mit Abb.), Teil 2.
— — Michelstadt, Kirchenbibliothek (zweibändige Bibel mit Einbänden des Wiener Buchbinders Mathias): Keil/Staub 1984, 328 bis 331.
— — Obermarchtal/Donau, Bibliothek des ehemaligen Prämonstratenserstifts: Weißenberger 1976, 474 bis 481 (mit Abb.).
— — Regensburg, die Bibliothek von Hermann Pötzlinger, Rector Scolarium in St. Emmeram: Rumbold 1985, 329 bis 340 (mit Abb.).
— — Rom, Privatbibliothek von Papst Paul III.: Donati 1977, 369 bis 374 (mit Abb.).
— — Vorau, Chorherrenstift (Katalog der Drucke des 16. Jhs:) Hutz 1977, 113 bis 126; 1978, 127 bis 144 (mit Abb.); 1979, 184 bis 192; 1980, 127 bis 141 (mit Abb.); 1982, 263 bis 269; 1983, 215 bis 222.
— *Hofbibliotheken*
— — Kremsier, Schloßbibliothek: Nop 1977, 375 bis 381 (mit Abb.).
— *Privatbibliotheken*
— — die private Bibliothek als Informationsbasis: Ellwein 1981, 46 bis 54.

— — die Bibliothek von Cesare Lucchesini: Paoli 1978, 371 bis 377 (mit Abb.).
— — die Bibliothek des Johannes Protzer aus Nördlingen: Amelung 1981, 277 bis 283.
— — die Bibliothek eines ungarischen Humanisten (Peter Váradi): Csapodi-Gárdonyi 1977, 363 bis 368 (mit Abb.).

Bibliotheksgeschichte siehe **Bibliotheken**.

Bibliothekskataloge siehe **Bibliotheken; Gesamtkataloge**.

Bibliothekswesen siehe **Bibliographien; Buchwesen**.

Bilderbogen (und Flugblätter aus dem Bereich des Fastnachtspieles, Ende des 15. Jhs): Rosenfeld 1981, 193 bis 206 (mit Abb.).

Bilderschmuck siehe **Buchillustration**.

Bildmedien (Sprache des Bildes): Holzamer 1981, 58 bis 61. – Siehe auch **Leserforschung; Massenmedien**.

Bildschirmtext: Enste 1982, 13 bis 22 (mit Abb.).

Bildschirmzeitung: Ratzke 1976, 383 bis 387 (mit Abb.).

Bildungswesen im Mittelalter (in den Klöstern): Ashcroft 1985, 125 bis 139 (mit Abb.).

Blaeu-Presse: Janssen 1977, 155 bis 159 (mit Abb.).

Blattgold siehe **Golddruck**.

Böhmen
— Buchdruck (Anfänge typographischer Zusammenarbeit zwischen Nürnberg und Böhmen): Bohatcová 1976, 147 bis 155 (mit Abb.).
— Buchillustration des 16. Jhs: Bohatcová 1986, 17 bis 34 (mit Abb.).

Bologna
— Biblioteca dell'Archiginnasio (Konrad Gesner: Bibliotheca universalis): Balsamo 1976, 298 bis 305.

Bonerdrucke (von Albrecht Pfister; GW 4839 und 4840): Milde 1976, 109 bis 116 (mit Abb.).

Bordüre siehe **Holzschnittbordüre**.

Born, Eduard (* 1915, † 1977, Geschäftsführer der Gutenberggesellschaft 1967 – 1977)
— Nachruf: Gerhardt 1978, 18 f. (mit Abb.)

Bornat, Claudi (Drucker in Barcelona, 1548 – 1581): Madurell i Marimón 1979, 162 bis 171 (mit Abb.).

Borremans, Pierre (Drucker und Verleger in Douai, 1603 – ca. 1625): Labarre 1981, 207 bis 209.

Brant, Sebastian (* 1457/58, † 1521; Autor des ›Narrenschiffs‹)
– als Herausgeber juristischer Texte: Halporn 1984, 36 bis 51.
– Verfasser der Sebastians-Ode, illustriert von Albrecht Dürer: Hieronymus 1977, 271 bis 308 (mit Abb.).

Bratislava siehe **Preßburg.**

Braubach, Peter (* ca. 1500, † 1567, Drucker in Hagenau; Schwäbisch Hall; Frankfurt/Main, ab 1540)
– Datierung eines Lagerverzeichnisses: Paisey 1976, 248 bis 253 (mit Abb.).

Braunschweig
– Lederzeichnungseinbände, 15. Jh.: Beck 1979, 291 bis 296 (mit Abb.).

Breslau
Drucker/Verleger: Dyon, Adam.

Brevier(e)
– Breviarium Strigoniense, 1502: Soltész 1982, 220 bis 224 (mit Abb.).

Bruder Hans (Kartäusermönch in Würzburg, um 1500)
– Kommentator des ›Teutsch Psalter‹ (Ulm: Zainer, um 1489): Ashcroft 1985, 125 bis 139 (mit Abb.).

Brügge
– *Drucker/Verleger: Caxton,* William.

Brunschwyg, Hieronymus (Verfasser des Liber de arte distillandi . . . (1500), ein frühes Zeugnis des Urheberschutzgedankens): Belkin 1986, 180 bis 200 (mit Abb.).

Buch/Bücher
– *Aufgabe,* Gefährdung, Bewahrung und Rettung: Stickler 1982 (Sonderbeilage), 43 bis 51.
– das *juristische Buch* in Geschichte und Gegenwart: Bohatcová 1984, 25 bis 35 (mit Abb.). – Halporn 1984, 36 bis 51. – Thilo 1984, 52 bis 66. – (Deutsche und österreichische Rechtsliteratur im russischen Buchdruck des 18. Jhs:) Röhling 1976, 340 bis 350.
– *Lebensdauer* von Drucktexten, Druckpapieren und Büchern: Schmiedt 1982 (Sonderbeilage), 39 bis 42.
– *Micro-Editionen:* Mertens 1981, 62 bis 69 (mit Abb.).
– Buch und *Mikrofilm:* Franz 1976, 372 bis 382 (mit Abb.).
– Buch im *Wasserzeichenbild:* Weiß 1984, 103 bis 116 (mit Abb.), Teil 1; 1985, 65 bis 79 (mit Abb.), Teil 2. – Siehe auch **Buchpflege; Buchwesen.**

Buchbeschläge (des 14. und 15. Jhs in Ungarn): Irás-Melis 1980, 274 bis 283.

Buchbinder/Buchbindereien
– Eggestein, Straßburg (das Registrum als Hilfsmittel für den Buchbinder): Amelung 1985, 115 bis 124 (mit Abb.).
– Hausbuchbinderei des Kölner Dominikanerklosters: Knaus 1976, 519.
– HD, Buchbinder in Graz (16. Jh.): Hohl 1985, 318 bis 328 (mit Abb.).
– Mathias, Wien: Keil/Staub 1984, 328 bis 331.
– Richenbach, Geislingen: Pingree 1977, 330 bis 344 (mit Abb.). – Siehe auch **Einband.**

Buchbinder, Benedikt (Buchdrucker und Buchbinder in München, 1484 – 1492): Geldner 1982, 197 bis 208 (mit Abb.).

Buchdruck
– *Vorformen*
– – in China (Druck mit beweglichen Lettern in Tangut): Carrington-Goodrich 1976, 64 f.
– – in Korea: Chweh 1985, 15 bis 18.
– *Erfindung*
– – Setzen beim Druck in Formen: Corsten 1984, 128 bis 132.
– – die Reform im Reich und ihre Bedeutung für die Erfindung des Buchdrucks: Koller 1984, 117 bis 127.
– – Erfindung des Buchdrucks und die Überlieferung deutscher Texte bis zum Beginn des 16. Jhs: Koppitz 1980, 67 bis 78.
– – in der jüdischen Literatur des 17. Jhs: Pollak 1977, 22 bis 28.
– *Gutenberg-Zeit/Frühdruck*
– – Fachsprache des Frühdrucks: Widmann 1976, 96 bis 100.
– – farbige Gestaltung von Drucken: Roosen-Runge 1983, 89 bis 104 (mit Farb-Abb.).
– – Notendruck: Krummel 1985, 80 bis 98 (mit Abb.).
– – Registrum bei Eggestein und oberrheinischen Frühdruckern: Amelung 1985, 115 bis 124 (mit Abb.).
– – Rotdruck in der B 42: Goff 1981, 130 bis 135 (mit Abb.).
– – Überlieferung deutscher Texte bis zum Beginn des 16. Jhs: Koppitz 1980, 67 bis 78.
– – erste lateinische Ausgabe der Werke Xenophons: Rhodes 1981, 151 bis 153.
– *16. Jahrhundert*
– – ›Declaratio Ferdinandea‹ (1555): Urban 1976, 254 bis 263 (mit Abb.).
– – Literaturbericht zum Buchdruck des 16./17. Jhs, 1975 – 1977: Urban 1978, 253 bis 265. – 1978/79: Urban 1980, 183 bis 199.
– – Literaturbericht zum Buchdruck vom 16. – 19. Jh., 1970 – 1974, Teil II: Amelung 1976, 413 bis 431 (mit Abb.).

– *17. Jahrhundert*
– – hebräischer Druck von 1612: Pollak 1976, 315 bis 325 (mit Abb.).
– *20. Jahrhundert*
– – klassische Schriften und Fotosatz: Willberg 1981, 82 bis 96 (mit Abb.).
– – Satztechnik der Gegenwart: Frutiger 1985, 15 bis 18 (mit Abb.).
– – Literaturbericht zum Buchdruck des 20. Jhs, 1974–1976: Gerhardt 1977, 219 bis 228. – 1976–1978: Gerhardt 1980, 200 bis 206.
– Buchdruck mit *Blattgold:* Gerhardt 1984, 145 bis 150.
– Buchdruck und *Kunstgeschichte:* König 1984, 83 bis 102.
– Buchdruck und *mündliche Überlieferung:* Politis 1985, 252 bis 257.
– *Buchdruck in einzelnen Ländern und Orten:*
– – in Belgien (siehe Niederlande).
– – in Böhmen im 16. Jh.: Bohatcová 1984, 25 bis 35 (mit Abb.).
– – in Bulgarien im 19. Jh.: Röhling 1978, 202 bis 211.
– – in China (Vorformen): Carrington-Goodrich 1976, 64 f.
– – in Dänemark, 1482 bis 1914 (Literaturbericht): Ilsøe 1985, 258 bis 280. – (500 Jahre Buchdruck in Dänemark außerhalb Kopenhagens:) Dal 1984, 211 bis 240.
– – in Deutschland: (Anfänge des Buchdrucks in München und Bayern, ab 1482:) Geldner 1982, 197 bis 208 (mit Abb.). – (Südslawischer Buchdruck in Urach/Württemberg:) Vorndran 1976, 291 bis 297. – (Druckereiwesen in der Reichsstadt Rottweil im 18. Jh.:) Hecht 1984, 180 bis 193. – (Buchdruck in Deutschland und Österreich im 19. Jh., Reisebericht von Alois Auer:) Koppitz 1985, 202 bis 220.
– – in England: (15. Jh.:) Blake 1978, 43 bis 50. – Blake 1979, 72 bis 77. – Blake 1980, 38 bis 43. – (16. Jh.:) Avis 1976, 306 bis 310. – Avis 1980, 142 bis 149. – (17. Jh.; Fachsprache vor Moxon, 1683:) Avis 1978, 173 bis 177.
– – in Frankreich: (17. Jh.:) Labarre 1980, 150 bis 154 (mit Abb.). – (Halb-legaler Buchdruck im 18. Jh.:) Weil 1986, 211 bis 227 (mit Abb.).
– – in Indien im 18. Jh.: Duverdier 1976, 351 bis 363. – Duverdier 1977, 183 bis 194. – Duverdier 1978, 189 bis 197 (mit Abb.).
– – in Italien: (Druckorte vor 1601:) Borsa 1976, 311 bis 314. – (Drucker vor 1601:) Borsa 1977, 166 bis 169. – Borsa 1978, 156 f.
– – in Korea (Erfindung): Chweh 1985, 15 bis 18.
– – in den Niederlanden im 15./16. Jh.: Heireman 1976, 86 bis 91. – Hoven 1979, 78 bis 86 (Teil 1); 1980, 118 bis 126 (Teil 2).
– – in Österreich (und Deutschland) im 19. Jh. (Reisebericht von Alois Auer): Koppitz 1985, 202 bis 220.
– – in Polen: (im 16. Jh.:) Świerk 1976, 194 bis 199. – (in Krakau vom 16.–18. Jh.:) Pirożyński/Ptak-Korbel 1976, 392 bis 412 (mit Abb.).
– – in Rußland im 18. Jh.: Röhling 1976, 340 bis 350.
– – in der Türkei (Gestaltung des osmanischen Buchdrucks, ab 1729): Krüger 1981, 218 bis 222 (mit Abb.).
– – in Ungarn (Beginn des Buchdrucks): Varjas 1977, 42 bis 48. – Csapodi 1983, 163 bis 165 (mit Abb.).
– Siehe auch **Buchherstellung; Druckorte; Drucktechnik.**

Buchdrucker/Buchdruckereien
siehe
– Anshelm, Thomas
– Bämler, Johann
– Bellère, Balthazar
– Belser Verlag
– Blaeu
– Bornat, Claudi
– Borremans, Pierre
– Braubach, Peter
– Buchbinder, Benedikt
– Caillaut, Antoine
– Callierges, Zacharias
– Cantz, Walter
– Caxton, William
– Cesaris, Petrus
– Cezary, Francis
– Creußner, Friedrich
– Didot, Firmin Ambroise
– Dinckmut, Konrad
– Dyon, Adam
– Eggestein, Heinrich
– Fabricius, Johann Philipp
– Feyrer, Hilarius
– Fiol, Sweipolt
– Froben, Johann
– Grebel (Druckerfamilie)
– Gregori, Giovanni de
– Greyff, Michael
– Grüninger, Johann
– Gutenberg, Johannes
– Hager, Friedrich
– Haller, Johann
– Han, Ulrich
– Hess, Andreas
– Hochfeder, Kaspar
– Hochspringer d. J., Hans
– Höltzel, Hieronymus
– Hohenwang, Ludwig

- Honterus, Johannes
- Jäger, Johann
- Jobin, Bernhard
- Kennerknecht, Johann Georg
- Koberger, Anton
- Kobian, Valentin
- Köbel, Jakob
- Lazarus-Druckerei
- Maj, Johann
- Maler, Mathes
- Mantuan Fencl, Jan
- Marchant, Jean
- Mérausse, Jean
- Matyaszkiewiczs
- Nigrinus, Georgius
- Numeister, Johannes
- Parix, Jean
- Pekk, Hanns
- Petreius, Johann
- Peypus, Friedrich
- Pfister, Albrecht
- Pflanzmann, Jodocus
- Piotrkowczyk-Druckerei
- Prüß, Johann
- Pynson, Richard
- Ratdolt, Erhard
- Ritter, Johann Christian
- Roux, Pierre
- Runge, Georg
- Scharffenberg, Matthias
- Schauer, Hans
- Schiller, Johann Friedrich
- Schobser, Hans
- Schürer, Mathias
- Spies, Johann Philipp
- Stol, Johannes
- Stürmer, Wolfgang
- Therhoernen, Arnold
- Tournes, Jean I.
- Ungler, Florian
- Vietor, Hieronymus
- Worde, Wynkyn de
- Zainer, Johann
- Zypsen, Mathias

Buchdrucker – Ortswechsel (im 16. Jh.): Lenkey 1976, 218 bis 223.

Buchdruckerpresse (Leistung, 1476): Rosenthal 1979, 39 bis 50 (mit Abb.). (Entgegnung zu **Pollak** 1974, 66 bis 76.)

Buchhändlerverzeichnisse siehe **Bücheranzeigen**.

Buchhandelsgeschichte
- Entwicklungen im frühen deutschen Buchhandel: Nickel 1976, 482 bis 484.
- Buchhandel und Einbände in England und Europa: Powers 1980, 302 bis 309 (mit Abb.).
- Buchhändler im 16. und 17. Jh. in Arras: Labarre 1983, 223 bis 226.
- Frauen im Buchhandel, 1641–1700: Gardner 1978, 343 bis 346.
- Literaturbericht zum Buchhandel in Dänemark, 1482 bis 1914: Ilsøe 1985, 258 bis 280.
- Buchhandel (und Verlagswesen) in Österreich: Rob 1985, 233 bis 251.
- Siehe auch **Meßkataloge; Verlagswesen**.

Buchherstellung
- Entwicklung der Techniken der Buchherstellung seit 1945: Gerhardt 1986, 241 bis 252.

Buchholzschnitt siehe **Holzschnitt**.

Buchillustration
- Bibelillustration in der ersten Hälfte des 16. Jhs: Kästner 1986, 81 bis 100 (mit Abb.).
- Bibliographische Erfassung der Buchillustration des 15. und 16. Jhs in den Niederlanden: Breugelmans 1986, 57 bis 59.
- Büchernarr als Gesellschaftstypus: Lehmann-Haupt 1976, 439 bis 447 (mit Abb.).
- Einblattkalender (Augsburg 1496 – GW 1513): Amelung 1980, 235 bis 245 (mit Abb.).
- farbige Gestaltung von Handschriften und Drucken der Gutenberg-Zeit: Roosen-Runge 1983, 89 bis 104 (mit Farb Abb.).
- Illustration der Drucke von Sweipolt Fiol, Krakau: Chojecka 1978, 271 bis 285 (mit Abb.).
- Holzschnitte in Caxton-Drucken: Smith 1986, 322 bis 343 (mit Abb.).
- Homerillustrationen der beiden Friedrich Preller: Krueger 1976, 448 bis 473 (mit Abb.).
- Johannes Honterus als Buchillustrator: Borsa 1986, 35 bis 56.
- italienische illustrierte Ausgaben der Äsop-Fabeln (der Veroneser Druck von 1479): Mardersteig 1977, 234 bis 243 (mit Farb-Abb.). – Eberhardt 1977, 244 bis 250. (Entgegnung zu **Donati** 1976, 138 bis 146 (mit Abb.).)
- Kalender-Illustrationen: Soltész 1976, 264 bis 269 (mit Abb.).
- Reformation und Buchillustration: Soltész 1976, 264 bis 269 (mit Abb.).
- in der Renaissance (Meerthiasos-Szene): Csapodi-Gárdonyi 1976, 432 bis 438 (mit Abb.).
- Sibyllen in deutschen und französischen Drucken des 15./16. Jhs: de Clercq 1979, 97 bis 119 (mit Abb.).
- Max Slevogt, unbekannte Buchgraphik (›Der Eisenhans‹): Harthausen 1977, 323 bis 329 (mit Abb.).
- Symposion ›Das illustrierte Buch des 16. Jhs unter

besonderer Berücksichtigung des deutschsprachigen Raumes‹, 11.–13. 10. 1984, Institut für Buchwesen der Johannes Gutenberg-Universität in Mainz: Koppitz 1986, 15 f.
— *Buchillustration in einzelnen Ländern und Orten*
— — Basler Buchillustration im 16. Jh.: Hieronymus 1980, 258 bis 273 (mit Abb.). – Hieronymus 1986, 68 bis 80 (mit Abb.). – (Wissenschaftliche Illustration in Basler und Zürcher Drucken des 16. Jhs:) Weber 1986, 101 bis 146 (mit Abb.).
— — böhmische Buchillustration des 16. Jhs: Bohatcová 1986, 17 bis 34 (mit Abb.).
— — die Budaer Werkstatt des Königs Matthias im 16. Jh.: Csapodi 1986, 60 bis 63.
— — in Dänemark, 1482–1914 (Literaturbericht): Ilsøe 1985, 258 bis 280.
— — in Frankreich: (Bildnis des hl. Dominik im französischen Frühdruck:) Saffrey 1982, 193 bis 196 (mit Abb.). – (Martin Baes, Douai, 17. Jh.:) Labarre 1982, 270 bis 276 (mit Abb.).
— — russische Buchholzschnitte des frühen 20. Jhs: Lehmann-Haupt 1982, 277 bis 281 (mit Abb.).
— — die Illustrationen der ältesten ungarischen Perikopenbücher: Borsa 1979, 283 bis 290, Teil 1 (mit Abb.); 1980, 246 bis 257, Teil 2 (mit Abb.); 1981, 229 bis 233, Teil 3 (mit Abb.); 1982, 236 bis 240, Teil 4 (mit Abb.); 1983, 186 bis 194, Teil 5 (mit Abb.).
— Siehe auch **Buchmalerei; Emblematik; Graphik; Holzschnitt**.

Buchkonservierung siehe **Buchpflege**.

Buchkunst siehe **Buchillustration**.

Buchmalerei
— farbige Gestaltung von Handschriften und Drucken der Gutenberg-Zeit: Roosen-Runge 1983, 89 bis 104 (mit Farb-Abb.).
— klösterliche Buchmalerei in Ungarn im 16. Jh.: Csapodi-Gárdonyi 1986, 64 bis 67.

Buchpflege
— Bewahrung und Rettung des Buchs: Stickler 1982 (Sonderbeilage), 43 bis 51.
— Buchpflege in Bibliotheken: Bansa 1982 (Sonderbeilage), 3 bis 15. – Karpp 1986, 377 bis 387.
— »Bücher in Gefahr«: Sonderbeilage 1982, 3 bis 51.
— elektronische Techniken zur Buchpflege in Bibliotheken und Museen: Gast/Zeyen 1982 (Sonderbeilage), 17 bis 26 (mit Abb.).
— Lebensdauer von Drucktexten, Druckpapieren und Büchern: Schmiedt 1982 (Sonderbeilage), 39 bis 42.

Buchrestaurierung siehe **Buchpflege**.

Buchrolle
— die Münchner Gebetsrolle, Clm 28 961: Rosenfeld 1976, 48 bis 56 (mit Abb.). – Becker 1976, 57 bis 63.

Buchwesen
— bibliographische Situation der Gegenwart: Koppitz 1980, 207 bis 211.
— Buch und Mikrofilm: Franz 1976, 372 bis 382 (mit Abb.).
— »Nach dem Buchzeitalter«: Steiner 1982, 58 bis 66.
— Micro-Editionen: Mertens 1981, 62 bis 69 (mit Abb.). – Siehe auch **Buch/Bücher**.

Buda
— *Drucker: Hess*, Andreas.
— Werkstatt der Illuminatoren des Königs Matthias (15./16. Jh.): Csapodi 1986, 60 bis 63.

Budapest
— *Bibliothek* der Ungarischen Akademie der Wissenschaften
— — Geschichte: Rózsa 1978, 378 bis 380.
— — Osius-Sammelband: Rozsondai 1978, 309 bis 312 (mit Abb.).
— — Sammlung der lateinischen Codices: Csapodi 1977, 389 bis 392.
— — Wiener Dominikanereinbände: Rozsondai 1981, 234 bis 244 (mit Abb.).

»Bücher in Gefahr«: Sonderbeilage 1982, 3 bis 51.

Bücheranzeige
— Augsburg, um 1480: Vorderstemann 1980, 44 bis 50 (mit Abb.).
— Lagerverzeichnis von Peter Braubach, 16. Jh.: Paisey 1976, 248 bis 253 (mit Abb.).

Büchernarr
— in der Buchillustration: Lehmann-Haupt 1976, 439 bis 447 (mit Abb.).

Bücherpreis
— in England im 16. Jh.: Avis 1976, 306 bis 310.

Büchersammlung siehe **Bibliotheken**.

Bücherzeichen siehe **Exlibris**.

Bücherzensur siehe **Zensur**.

Büttner, Hieronymus siehe **Vietor,** Hieronymus.

Bulgarien
— Buchdruck im 19. Jh.: Röhling 1978, 202 bis 211.

Byzantinische Literatur
— im Buchdruck des 15. Jhs: Mazal 1982, 150 bis 169.

Caen
— Buchdruck, ca. 1510–1520: Hirsch 1976, 190 bis 193 (mit Abb.).

Caesaris, Pierre siehe **Cesaris,** Petrus.

Caillaut, Antoine (Drucker in Paris, 1483–1498): Shaw 1979, 140 bis 142.

Callierges, Zacharias (Drucker in Venedig, um 1500)
— Druck mit Blattgold: Gerhardt 1984, 145 bis 150.

Cantz, Walter (* 1911, † 1984, Drucker und Verleger in Stuttgart)
— Nachruf: Amelung 1985, 349 bis 353 (mit Abb.).

Carvajal, Juan de (* ca. 1399, † 1469, spanischer Kardinal, Gesandter in Deutschland und Ungarn)
— Brief von Enea Silvio Piccolomini, Bischof von Siena, an de Carvajal über den ältesten Bibeldruck: Meuthen 1982, 108 bis 118.

Catholicon (1460; GW 3182 – Grammatik und Wörterbuch zur Bibel von Balbus de Janua)
— Schlußschrift: Gerhardt 1976, 92 bis 95.

Catholicontype siehe **Typen.**

Caxton, William (* um 1422, † 1491, Erstdrucker Englands)
— Caxton-Ausgaben in Amerika: Goff 1977, 64 bis 71 (mit Abb.).
— zur Datierung seiner Erstdrucke: Blake 1978, 43 bis 50.
— Holzschnitte in seinen Drucken: Smith 1986, 322 bis 343 (mit Abb.).
— Vorworte und Schlußschriften in den Drucken der Brügger Zeit: Blake 1979, 72 bis 77.
— Vorworte und Schlußschriften in den Drucken von Westminster: Blake 1980, 38 bis 43.

Cesaris (Caesaris), Petrus (Pierre) (= Peter Wagner; Drucker in Paris, 1473–1478): Veyrin-Forrer 1976, 117 bis 129 (mit Abb.).

Cezary, Francis (* 1583, † 1651, Drucker in Krakau ab 1616): Pirożyński/Ptak-Korbel 1976, 392 bis 412 (mit Abb.).

Chemotechnologie (dauerhafter Naturpapiere): Hein/Willemer 1982 (Sonderbeilage), 27 bis 37.

China
— Vorformen des Buchdrucks (Druck mit beweglichen Lettern in Tangut/Nordwestchina): Carrington Goodrich 1976, 64f. (mit Abb.).

Cicero, Marcus Tullius (106–43 v. Chr., römischer Philosoph, Redner und Politiker)
— »describas licet«, eine ciceronische Analogformel zum Druckreif-Vermerk: Widmann 1976, 36 bis 40.

Codex/Codices siehe **Handschriften.**

Cologny
— Stiftung Martin Bodmer (Gutenberg-Bibel, B 42): König 1984, 83 bis 102 (mit Abb.).

Computer-Schrift siehe **Schrift.**

Computer-Typographie siehe **Typographie.**

Coquillart, Guillaume (Schriftsteller, 16. Jh.)
— Pariser Ausgaben seiner Werke: Shaw 1976, 213 bis 217 (mit Abb.).

Corpus Iuris Civilis
— Drucke im deutschen Sprachraum: Thilo 1984, 52 bis 66.

Cortesius, Alexander (italienischer Humanist, Schreiber von Papst Sixtus IV., 15. Jh.): De laudibus bellicis Matthiae Corvini Hungariae regis: Csapodi 1982, 209f.

Corvinus, Matthias (König von Ungarn, † 1490)
— Lobgedicht des Cortesius auf König Matthias (Corvinen-Handschrift in der Herzog August Bibliothek Wolfenbüttel): Csapodi 1982, 209f.
— Illuminatorenwerkstatt im 15./16. Jh.: Csapodi 1986, 60 bis 63.
— eine unbekannte Corvinen-Inkunabel in Uppsala: Csapodi-Gárdonyi 1981, 171 bis 174 (mit Abb.).

Cranach d. J., Lucas (* 1515, † 1586, Formschneider)
— Einband aus seinem Besitz: von Rabenau 1980, 310 bis 315.

Creußner, Friedrich (Drucker in Nürnberg, 1472 bis 1497): Geldner 1981, 143 bis 147 (mit Abb.).

Cuspinianmeister (Illustrator der Dürerzeit): Gollob 1977, 320 bis 322 (mit Abb.).

Dänemark
— 500 Jahre Buchdruck (außerhalb Kopenhagens): Dal 1984, 211 bis 240 (mit Abb.).
— Literaturbericht (Buchdruck, Illustration, Einband und Buchhandel, 1482–1914): Ilsøe 1985, 258 bis 280.

Datenverarbeitung
— papiergeschichtliche Datensammlung (am Beispiel italienischer Architektur-Zeichnungen der Renaissance): Wurm 1986, 147 bis 154 (mit Abb.).

›**Declaratio Ferdinandea**‹ (1555)
— Druckgeschichte: Urban 1976, 254 bis 263 (mit Abb.).

Dedikationsexemplare siehe **Widmungsexemplare.**

Dessin, Joachim Nikolaus von (* 1704, † 1761, Gründer der ersten öffentlichen Bibliothek in Südafrika): Lamperstorfer 1977, 382 bis 388 (mit Abb.).

Deutsche Lesegesellschaft, Mainz: Schneider 1978, 241 bis 245.

Deutscher Orden
- Bibliothek des Deutschen Ordens in Mergentheim: Finger 1980, 325 bis 354, Teil 1; 1981, 245 bis 260, Teil 2.

Deutsches Buch- und Schriftmuseum der Deutschen Bücherei, Leipzig: Funke 1984, 194 bis 210.

Didot, Firmin Ambroise (* 1764, † 1836, Drucker in Paris): Ranc 1977, 213 bis 218.

Dinckmut, Konrad (Drucker in Ulm, 1476 – 1499)
- Drucke des ›Regimen sanitatis‹: Amelung 1979, 58 bis 71 (mit Abb.).
- angebliche Neuausgabe des ›Zeitglöcklein‹ (H 16 280): Amelung 1977, 75 bis 79 (mit Abb.).

Dobřenský, Václav († 1595 Prag, Sammler von Einblattdrucken): Bohatcová 1979, 172 bis 183 (mit Abb.).

Dokumentation und Information (Programm der Bundesregierung, 1974 – 1977): Donth 1981, 21 bis 45.

Donat-Drucke
- Fehldruck aus dem frühen 16. Jh.: Hirsch 1979, 136 bis 139 (mit Abb.).

Douai (Frankreich)
- *Drucker/Verleger: Bellère,* Balthazar; *Borremans,* Pierre.

Druckerei(en) siehe **Buchdruck(er).**

Druckermarken
- Titelholzschnitte als Druckermarken: Langer 1977, 91 bis 95 (mit Abb.).

Druckgraphik siehe **Graphik.**

Druckkosten
- im 16. Jh. in England: Avis 1976, 306 bis 310.

Druckorte
siehe
- Addle Hill
- Arras
- Aschaffenburg
- Athen
- Augsburg
- Avignon
- Bamberg
- Basel
- Berlin
- Breslau
- Brügge
- Buda
- Caen
- Douai
- Erfurt
- Ettlingen/Baden
- Florenz
- Foligno
- Genf
- Göttingen
- Gran (Ungarn)
- Halle/Saale
- Köln
- Krakau
- Leipzig
- Liège (Lüttich)
- London
- Lyon
- Madras
- Mainz
- München
- Nürnberg
- Oppenheim
- Paris
- Pforzheim
- Pilsen
- Pondichéry
- Prag
- Preßburg
- Reutlingen
- Rio de Janeiro
- Rom
- Rottweil
- Segovia
- Straßburg
- Stuttgart
- Tangut/Nordwestchina
- Toulouse
- Ulm
- Urach/Württemberg
- Vépery (bei Madras/Indien)
- Wien
- Zittau

Druckpapier siehe **Papier(forschung).**

Druckprivilegien siehe **Privilegien.**

Druckreif-Vermerk
- eine ciceronische Analogformel (»describas licet«) zum Druckreif-Vermerk: Widmann 1976, 36 bis 40.

Drucktechnik
- *Fotosatz*
- – Formentwicklung des Schriftausdrucks: Frutiger 1985, 15 bis 18 (mit Abb.).
- – Fotosatz und klassische Schriften: Willberg 1981, 82 bis 96 (mit Abb.).

— — polnische Lesemaschine CTM-O2: Tomaszewski 1978, 227 bis 233 (mit Abb.).
— *funktionelle Typographie* im 20. Jh. in Deutschland: Gerhardt 1982, 282 bis 295 (mit Abb.).
— *Gutenbergs Erfindung* aus heutiger Sicht: Gerhardt 1978, 212 bis 217.
— *Tagesleistung einer Druckerpresse* (1476): Rosenthal 1979, 39 bis 50 (mit Abb.).
— *Literaturbericht* (1966–1981): Probst 1982, 303 bis 318.

Dürer, Albrecht (* 1471, † 1528, Maler und Graphiker)
— *Graphik/Holzschnitte*
— — Sebastians-Ode von Sebastian Brant: Hieronymus 1977, 271 bis 308 (mit Abb.).
— *Graphik/Kupferstiche*
— — Kupferstich des Heiligen Eustachius (zeitgeschichtlicher Bezug): Lanckorońska 1977, 309 bis 319 (mit Abb.).
— — ›Nemesis‹ (zeitgeschichtlicher Bezug): Lanckorońska 1978, 286 bis 296 (mit Abb.).
— — ›Das große und das kleine Pferd‹ (zeitgeschichtlicher Bezug): Lanckorońska 1979, 277 bis 282 (mit Abb.).
— ›Grüne Passion‹: Gollob 1978, 297 bis 299. – Siehe auch **Graphik.**

Durandus-Type siehe **Typen.**

Dyon, Adam (Drucker in Nürnberg und Breslau, 1509–ca. 1531)
— Einblattdrucke: Schanze 1984, 154 bis 156.

Eggestein, Heinrich (Drucker in Straßburg, um 1441–1483)
— das Registrum als Hilfsmittel für den Buchbinder: Amelung 1985, 115 bis 124 (mit Abb.).

Einbände
— *Allgemeines*
— — Literaturberichte zur Einbandforschung, 1972 bis 1981: Amelung 1977, 358 bis 362; 1978, 313 bis 342; 1982, 319 bis 330.
— *Herkunftsland*
— — *Dänemark*
— — — Literaturbericht (1482–1914): Ilsøe 1985, 258 bis 280.
— — *Deutschland*
— — — Augsburger Einband, datiert 1623: Trautner 1979, 306 bis 314 (mit Abb.).
— — — Heilbronn, 15. und 16. Jh.: Hummel 1980, 284 bis 290.
— — — Gotische Einbände der Seminarbibliothek Rottenburg am Neckar: Hummel 1979, 297 bis 305 (mit Abb.).
— — *Frankreich*
— — — Einbände von Statutenbüchern des französischen Ritterordens des hl. Michael: Juntke 1982, 331 bis 337 (mit Abb.).
— — *Ungarn*
— — — Buchbeschläge des 14. und 15. Jhs: Iras-Melis 1980, 274 bis 283.
— — — Wiener Dominikanereinbände in der Bibliothek der Ungarischen Akademie der Wissenschaften: Rozsondai 1981, 234 bis 244 (mit Abb.).
— *Binder und Auftraggeber*
— — Einband aus dem Besitz Lucas *Cranachs* des Jüngeren, 1559: von Rabenau 1980, 310 bis 315.
— — Einbände des Grazer Buchbinders *HD* (16. Jh.): Hohl 1985, 318 bis 328 (mit Abb.).
— — *Kobergersche* Makulaturblätter: Rozsondai 1977, 345 bis 347 (mit Abb.).
— — zweibändige Bibel mit Einbänden des Wiener Buchbinders *Mathias* in der Kirchenbibliothek zu Michelstadt: Keil/Staub 1984, 328 bis 331.
— — *Osius*-Band der Bibliothek der Ungarischen Akademie der Wissenschaften: Rozsondai 1978, 309 bis 312 (mit Abb.).
— — *Richenbach*-Einbände in den USA: Pingree 1977, 330 bis 344 (mit Abb.).
— *Stilmerkmale und Techniken*
— — *Blindstempelbände*
— — — Lederzeichnungseinband des 14. Jhs: Hartmann 1985, 316f. (mit Abb.).
— — — Lederzeichnungseinbände in Braunschweig (1. Hälfte des 15. Jhs): Beck 1979, 291 bis 296 (mit Abb.).
— — kursächsischer *Wappeneinband*: Trautner 1977, 348 bis 357 (mit Abb.).
— *Besondere Exemplare*
— — Einbände des 16. Jhs von nicht in *England* gedruckten Werken: Powers 1980, 302 bis 309.
— — Einband der *Immenhäuser* Gutenbergbibel: Staub 1976, 76 bis 85 (mit Abb.).
— — Einband einer *Schleswiger* Bibel, 1664: Juntke 1980, 316 bis 324. – Siehe auch **Beutelbücher; Buchbeschläge; Buchbinder; Exlibris; Stempel.**

Einbandforschung siehe **Einbände.**

Einblattdrucke
— deutsche Einblattdrucke im 16. Jh.: Schanze 1984, 151 bis 156.
— deutsche Einblattdrucke des 16. Jhs im Prager Sammelbuch des Václav Dobřenský: Bohatcová 1979, 172 bis 183 (mit Abb.).
— ein unbekannter Einblattdruck von Michael Greyff (Ablaßverkündigung des Papstes Sixtus IV.): Soltész 1977, 72 bis 74.
— Bibliographie der Einblattdrucke von Bernhard Jobin, Straßburg: Weber 1976, 270 bis 290 (mit Abb.).
— tschechische Einblattdrucke, 15.–18. Jh.: Bohatcová 1978, 246 bis 252. – Siehe auch **Almanache; Flugblätter/Flugschriften.**

Einblattkalender siehe **Almanache**.

Elektronenradiographie
— als Hilfsmittel für schwer oder nicht erkennbare Wasserzeichen: Schnitger/Ziesche/Mundry 1983, 49 bis 67 (mit Abb.).

Elektronische Datenverarbeitung (EDV) siehe **Datenverarbeitung**.

Elektronische Techniken
— zur Buchpflege in Bibliotheken und Museen: Gast/Zeyen 1982 (Sonderbeilage), 17 bis 26 (mit Abb.).

Emblematik
— bei Mörike und Thomas Mann: Koschlig 1979, 252 bis 268 (mit Abb.).

England (Großbritannien)
— Frühdruck (Caxton): Goff 1977, 64 bis 71 (mit Abb.). – Blake 1978, 43 bis 50. – Blake 1979, 72 bis 77. – Blake 1980, 38 bis 43. – Smith 1986, 322 bis 334 (mit Abb.).
— A, C, Mery Tales, 1526: Avis 1977, 134 bis 139 (mit Abb.).
— Buchdruck in London im 16. Jh.: Avis 1982, 241 bis 245.
— Druckkosten im 16. Jh.: Avis 1976, 306 bis 310.
— Shakespeare-Drucke des 16. Jhs: Avis 1979, 199 bis 204.
— Panegyrik im 17. Jh. (›Poems for the Prince of Wales‹): Gardner 1979, 241 bis 245.
— Staatsdruckerei (Her Majesty's Stationary Office, London): Cherns 1982, 67 bis 83 (mit Abb.).
— Bibliotheksgeschichte
— — Lancaster, Quaker Meeting House: Mullett 1978, 358 bis 362.
— Einbände (des 16. Jhs von nicht in England gedruckten Werken): Powers 1980, 302 bis 309.

Erasmus von Rotterdam (* um 1465, † 1536, Humanist)
— seine Drucker (am Beispiel der ›Colloquia‹): Bierlaire 1978, 106 bis 114.
— Colloquium ›Confabulatio pia‹ (Freising 1535): Bezzel 1983, 179 bis 185 (mit Abb.).
— neu entdeckte Widmungsexemplare: Bezzel 1980, 89 bis 96 (mit Abb.).

Erfindung des Buchdrucks siehe **Buchdruck**.

Erfurt
— *Drucker/Verleger: Stürmer,* Wolfgang.
— Buchdruck im 16. Jh. (drei seltene Drucke): Juntke 1976, 200 bis 206 (mit Abb.).

— *Universität*
— — Studium von Johannes Gutenberg (?): Kapr 1980, 21 bis 29 (mit Abb.). – Rosenfeld 1982, 106 f. – Corsten 1983, 159 bis 162.

Ettlingen (Baden)
— *Drucker: Kobian,* Valentin; *Spies,* Johann Philipp.

Exlibris (Bücherzeichen)
— der Bücherei des ehem. Prämonstratenserstifts Obermarchtal: Weissenberger 1976, 474 bis 481 (mit Abb.).
— Hartmann Schedels in Rumänien: Dima-Drăgan 1980, 359 bis 362.

Fabricius, Johann Philipp (Missionar in Vépery/Indien, um 1760/80, Schriftsteller und Drucker): Duverdier 1978, 189 bis 197.

Fachsprache des Buchdrucks
— Fachsprache des Frühdrucks: Widmann 1976, 96 bis 100.
— Fachsprache des englischen Buchdrucks (vor Moxon, 1683): Avis 1978, 173 bis 177.

Faksimile-Editionen
— Belser Faksimile-Editionen aus der Biblioteca Apostolica Vaticana: 1982 (Sonderbeilage).

Farbdruck siehe **Buchdruck; Buchillustration**.

Fastnachtspiel
— als Flugblatt und Bilderbogen, Ende des 15. Jhs: Rosenfeld 1981, 193 bis 206 (mit Abb.).

Ferdinand I., Kaiser (1556 – 1564)
— Declaratio Ferdinandea (1555): Urban 1976, 254 bis 263.

Fernsehen
— und Lesen: Noelle-Neumann 1982, 35 bis 46. – Noelle-Neumann 1986, 295 bis 301.

Feyrer, Hilarius (Drucker in Rottweil, ab 1703): Hecht 1984, 180 bis 193.

Figuralakrostichen (des Prager Druckers Georgius Nigrinus, 1574/1581): Bohatcová 1982, 246 bis 262 (mit Abb.).

Fiol, Sweipolt († 1525, Drucker in Krakau)
— Illustrationen seiner Drucke: Chojecka 1978, 271 bis 285 (mit Abb.).

Fischart, Johann (* 1546, † 1590, Publizist und Jurist in Straßburg, Paris und London): Weber 1976, 270 bis 290 (mit Abb.).

Florenz (Firenze)
— *Drucker/Verleger: Olschki,* Leo S.

Flugblätter/Flugschriften
— und Bilderbogen aus dem Bereich des Fastnachts-

spiels, Ende des 15. Jhs: Rosenfeld 1981, 193 bis 206 (mit Abb.).
— Wittenberger Flugschriften von *1546/47* in tschechischen Ausgaben: Bohatcová 1983, 195 bis 214 (mit Abb.).
— ein ungewöhnliches Flugblattimpressum des *17. Jhs:* Stopp 1983, 227 bis 231 (mit Abb.).
— ein Flugblattdruck von *1751:* Kemper 1978, 178 bis 188.
— Liedflugblätter: Baurmeister 1978, 87 bis 89 (mit Abb.).
— Siehe auch **Einblattdrucke.**

Foligno
— Frühdrucke: Geldner 1979, 18 bis 38 (mit Abb.).

Form (Druck in Formen) siehe **Buchdruck.**

Forster, Georg (* 1754, † 1794, Schriftsteller, Mainzer Universitätsbibliothekar): Mathy 1979, 319 bis 324.

Fotosatz siehe **Drucktechnik.**

Fraktur siehe **Schrift.**

Francesco detto il Faventino: Rhodes 1977, 144f. (mit Abb.).

Francus Florentinus, Raphael siehe **Raphael Franciscus.**

Frankfurt/Main
— Deutsche Bibliothek (Ablieferungspflicht von Druckwerken): Picard 1982, 51 bis 57.
— Meßkataloge (in Pariser Bibliotheken): Labarre 1976, 485 bis 489.

Frankreich
— *Frühdruck*
— — Pariser Inkunabel: Rhodes 1978, 78 bis 80.
— — Spielkarten: Rosenfeld 1978, 90 bis 95 (mit Abb.).
— — Titelblätter, *1496–1500:* Hirsch 1978, 63 bis 66.
— *Drucker und Buchhändler* in Arras *im 16. und 17. Jh.:* Labarre 1983, 223 bis 226.
— *Buchdruck im 18. Jh.:* Weil 1986, 211 bis 227 (mit Abb.).
— *Buchillustration* (Martin Baes, Douai, 17. Jh.): Labarre 1982, 270 bis 276 (mit Abb.).
— *Einbände* (von Statutenbüchern des Ritterordens des hl. Michael): Juntke 1982, 331 bis 337 (mit Abb.).
— *Staatsdruckerei,* Paris: Willemetz 1982, 95 bis 105 (mit Abb.).

Friedrich I. Barbarossa, Kaiser (1152–1190) siehe **Kaiser Friedrich-Legende.**

Friedrich III., Kaiser (1452–1493)
— die Reform im Reich und ihre Bedeutung für die Erfindung des Buchdrucks: Koller 1984, 117 bis 127.

Froben, Johann (* um 1460, † 1527, Drucker in Basel, Schwiegersohn von Wolfgang Lachner): Hieronymus 1985, 145 bis 152.

Frontispiz siehe **Titelblatt.**

Frühdruck
— *Zeugnisse*
— — frühes Quellenzeugnis (zu Oktober 1454?) für den ältesten Bibeldruck: Meuthen 1982, 108 bis 118.
— — Enea Silvio de' Piccolomini (Papst Pius II.) und Paulus Paulirinus als Zeugen für die beiden ältesten Bibeldrucke: Geldner 1984, 133 bis 139 (gegen **Meuthen** 1982, 108 bis 118).
— — Hieronymus Münzer über den frühesten Buchdruck: Geldner 1978, 67 bis 69.
— *Inkunabelsammlungen*
— — Göttingen, Niedersächsische Staats- und Universitätsbibliothek: Kind 1982, 120 bis 149 (mit Abb.).
— — in den USA: Goff 1976, 162 bis 164.

Frutiger, Adrian (* 1928, Schriftkünstler in Paris)
— Würdigung seiner Schriftkunst (mit Bibliographie): Heiderhoff 1985, 29 bis 64 (mit Abb.).

Gebetbuch von Kaiser Maximilian I. (neue Exemplare): Horninger 1976, 207 bis 212 (mit Abb.).

Geislingen/Württemberg
— *Buchbinder: Richenbach,* Johannes.

Geistliche Bibliotheken siehe **Bibliotheken.**

Genf
— *Drucker/Verleger: Tournes,* Jean II.

Gensfleisch (Familie): Geldner 1976, 66 bis 73.

Georgius, Bernardus (16. Jh., venezianischer Gelehrter): Bühler 1976, 224 bis 233 (mit Abb.)

Gesamtkataloge
— ein rheinischer Gesamtkatalog des 15. Jhs: Knaus 1976, 509 bis 519 (mit Abb.).

Ges(s)ner, Konrad (* 1516, † 1565, Schweizer Gelehrter)
— kirchliche Zensur der ›Bibliotheca universalis‹: Balsamo 1976, 298 bis 305 (mit Abb.).

Göschen, Georg Joachim (* 1752, † 1828, Buchhändler und Verleger in Leipzig und Grimma)
— ›Historischer Kalender für Damen‹ (und Schiller): Hahn 1976, 490 bis 499 (mit Abb.).

Goethe, Johann Wolfgang (* 1749, † 1832)
— Verhältnis zur Zensur: Koppitz 1986, 228 bis 240 (mit Abb.).

Göttingen
— *Drucker/Verleger: Hager,* Friedrich.
— Niedersächsische Staats- und Universitätsbibliothek, Inkunabel-Sammlung: Kind 1982, 120 bis 149 (mit Abb.).

Golddruck (von Ratdolt und Callierges, Venedig, Ende des 15. Jhs): Gerhardt 1984, 145 bis 150.

Gotico-Antiqua siehe **Typographie.**

Gran (Strigonium)/Ungarn
— Breviarium Strigoniense, 1502: Soltész 1982, 220 bis 224 (mit Abb.).

Graphik(er)/Kupferstecher/Maler
— Jacopo de Barbari (italienischer Kupferstecher, 15./16. Jh.): Servolini 1977, 229 bis 233 (mit Abb.). — Servolini 1978, 266 bis 270 (mit Abb.).
— Albrecht Dürer (* 1471, † 1528, Maler)
— — Hl. Eustachius, Kupferstich (zeitgeschichtlicher Bezug): Lanckorońska 1977, 309 bis 319 (mit Abb.).
— — Nemesis, Kupferstich (zeitgeschichtlicher Bezug): Lanckorońska 1978, 286 bis 296 (mit Abb.).
— — das große und das kleine Pferd, Kupferstichpaar (zeitgeschichtlicher Bezug): Lanckorońska 1979, 277 bis 282 (mit Abb.).
— graphische Ausstattung von Inkunabeldrucken des Sweipolt Fiol: Chojecka 1978, 271 bis 285 (mit Abb.).
— die vierzehn Nothelfer in der frühen Druckgraphik: Geldner 1985, 303 bis 315 (mit Abb.).
— polnische und europäische Renaissance-Graphik (Beziehungen): Chojecka 1977, 251 bis 270 (mit Abb.).
— Buchillustration zu ›Der Eisenhans‹ von Max Slevogt: Harthausen 1977, 323 bis 329 (mit Abb.).

Gratiadei of Ascoli: Rhodes 1986, 177 bis 179.

Graz
— *Buchbinder: HD.*

Grebel (Druckerfamilie in Krakau, 18. Jh.): Pirozyński/Ptak-Korbel 1976, 392 bis 412 (mit Abb.).

Gregori, Giovanni de (Johannes de Gregorius, Drucker in Forlì und Venedig, 1482–1527): Servolini 1979, 120 bis 133 (mit Abb.).

Greyff, Michael (Drucker in Reutlingen, um 1478–1514)
— unbekannter Einblattdruck: Soltész 1977, 72 bis 74.

Griechenland
— Staatsdruckerei (Centre for Neo-Hellenic Research of the National Hellenic Research Foundation), Athen: Droulia 1982, 84 bis 91.

Griechischunterricht
— in den Niederlanden (Schulbücher, 1483–1600): Hoven 1979, 78 bis 86 (Teil 1); 1980, 118 bis 126 (Teil 2).

Grüninger, Johann (Drucker in Straßburg, 1482–1531)
— Kanontexte des ›Missale speciale‹, 1498: Juntke 1981, 154 bis 160 (mit Abb.).

Grumbach, Argula von (geb. von Stauff, * 1492, † 1554, Ingolstadt)
— Kontroverse mit Johannes aus Landshut, 1524: Bezzel 1986, 201 bis 207 (mit Abb.).

Gutenberg (Familie): Geldner 1976, 66 bis 73.

Gutenberg, Johannes (* um 1400, † 1468)
1. Leben
— Familie und Herkunft: Geldner 1976, 66 bis 73.
— der junge Johannes Gutenberg: Geldner 1976, 66 bis 73.
— Studium an der Universität Erfurt (?): Kapr 1980, 21 bis 29 (mit Abb.). — Rosenfeld 1982, 106 f. — Corsten 1983, 159 bis 162.
— archivalische Quellen zu Leben und Werk im Stadtarchiv Frankfurt am Main: Bund 1983, 22 f.; im Stadtarchiv Mainz: Falck 1983, 16 bis 18; in Straßburg: Fuchs 1983, 19 bis 21.
— Aufenthalt in Straßburg
— — Aachenspiegel-Unternehmen von 1438/1440: Köster 1983, 24 bis 44 (mit Abb.).
— — archivalische Quellen: Fuchs 1983, 19 bis 21.
— — der Bankier der Straßburger Gutenberg-Gesellschaften, Hans Friedel von Seckingen: von Stromer 1983, 45 bis 48.
— ›Werk der Bücher‹: Kapr 1981, 126 bis 129.
2. Drucke
— Fragment vom Weltgericht und die Kaiser Friedrich-Legende: Kapr 1985, 105 bis 114.
— Gutenbergbibel (B 36 und B 42) siehe **Bibeldruck.**
— Türkenkalender, 1454: Geldner 1983, 166 bis 171.
3. Wirkungsgeschichte
— Wirkungsgeschichte der Erfindung: Gerhardt 1978, 212 bis 217.
— unbekanntes Loblied auf Gutenberg, 1602: Vizkelety 1981, 139 bis 142.
— Wilhelm Heinse (1746–1803) als streitbarer Verteidiger Gutenbergs: Baeumer 1985, 341 bis 348.

Gutenbergforschung
— und der Hinman-Collator: Kranz 1983, 68 bis 78 (mit Abb.).

– und Paläographie und Paläotypie: Mazal 1983, 79 bis 88 (mit Abb.).
– und wissenschaftliche Methoden: Koppitz 1983, 13 bis 15.

Gutenberg-Museum, Mainz: Halbey 1981, 55 bis 57.

Gutenberg-Preis der Stadt Mainz und der Gutenberg-Gesellschaft
– Gutenberg-Preis 1980 (Hellmut Lehmann-Haupt): Mohr 1981, 15. – Koppitz 1981, 16 bis 20.
– Gutenberg-Preis 1983 (Gerrit Willem Ovink): Koppitz 1984, 13. – Friedlaender 1984, 14 bis 17. – Ovink 1984, 18 bis 24.

Gutenberg-Symposion vom 12.–14.10.1981 in Mainz: 1983, 13 bis 104.

»Gutenbergs Erbe heute« (Schwerpunktthema): 1981, 21 bis 96.

GW (Gesamtkatalog der Wiegendrucke)
– GW 1513 (Augsburger Einblattkalender): Amelung 1980, 235 bis 245 (mit Abb.).
– GW 1581 (Altissimo): Rhodes 1982, 234f.
– GW 1905 (Nicolaus Angelius): Rhodes 1983, 177f.
– GW 2672 (xylographisches Fragment): Geldner 1981, 143 bis 147 (mit Abb.).
– GW 4839/4840 (Bonerdrucke): Milde 1976, 110 bis 116 (mit Abb.).

Haas'sche Schriftgießerei, Basel-Münchenstein (400 Jahre, 1579–1979): Wanner 1979 (Beilage), I bis XVI.

Hager, Friedrich (Drucker in Göttingen, ab 1729): Paisey 1977, 170 bis 182.

Halle/Saale
– Franckesche Stiftungen, Bibelanstalt: Duverdier 1976, 351 bis 363 (mit Abb.).
– Missionsdruckerei (1761–1772): Duverdier 1977, 183 bis 194 (mit Abb.).

Haller, Johann (Drucker in Krakau, ab 1505): Pirożyński/Ptak-Korbel 1976, 392 bis 412 (mit Abb.).

Han, Ulrich (Drucker aus Ingolstadt in Rom, ab 1462; Wien, ab 1475): Geldner 1979, 18 bis 38 (mit Abb.). – (»Gallus restitutus«, dichterische Zeugnisse über den Buchdrucker Ulrich Han:) Aurnhammer 1981, 161f.

Handschriften
– farbige Gestaltung von Handschriften der Gutenberg-Zeit: Roosen-Runge 1983, 89 bis 104 (mit Farb-Abb.).
– die Münchner Gebetsrolle Clm 28961: Rosenfeld 1976, 48 bis 56 (mit Abb.). – Becker 1976, 57 bis 63.

Handschriften-Katalogisierung: Langer 1978, 82 bis 86 (mit Abb.).

Hawes, Stephen (* ca. 1470, † 1520, englischer Dichter): Edwards 1980, 82 bis 88.

HD (Buchbinder in Graz, 16. Jh.): Hohl 1985, 318 bis 328 (mit Abb.).

Hebräische Drucke: Pollak 1976, 315 bis 325 (mit Abb.).

Heinrich d. R., Herzog von Baiern-Landshut (Wappen): Geldner 1980, 212 bis 234 (mit Abb.).

Heinse, Wilhelm (* 1746, † 1803, Schriftsteller und Bibliothekar in Mainz und Aschaffenburg): Baeumer 1985, 341 bis 348.

Hellinga, Wytze (* 1908, † 1985, Professor für Buchwesen in Amsterdam).
– Nachruf: Koppitz 1985, 354f. (mit Abb.).

Heraldik (im Schriftunterricht von Rudolf von Larisch): Hurm 1982, 296 bis 302.

Hess, Andreas (Drucker in Buda, ab 1473): Varjas 1977, 42 bis 48.

Hinman-Collator (und Gutenberg-Forschung): Kranz 1983, 68 bis 78 (mit Abb.).

Hochfeder, Kaspar (Drucker in Krakau, ab 1501/1502): Pirożyński/Ptak-Korbel 1976, 392 bis 412 (mit Abb.).

Hochspringer d. J., Hans (Drucker in Ulm, Anfang des 16. Jhs): Schanze 1984, 151f.

Höltzel, Hieronymus (Drucker in Nürnberg, 1500–1525)
– typographische Beziehungen zu Böhmen: Bohatcová 1976, 147 bis 155 (mit Abb.).
– Erstdruck eines tschechischen Kräuterbuchs, 1517: Bohatcová 1981, 175 bis 192 (mit Abb.).

Hofbibliotheken siehe **Bibliotheken.**

Hohenwang, Ludwig (Schreiber und Drucker, ab 1461 in Basel und Augsburg): Fechter 1977, 29 bis 41 (mit Abb.).

Holzschnitt
– Aesop von Liberale da Verona, 1479: Donati 1976, 138 bis 146 (mit Farb-Abb.). – Mardersteig 1977, 234 bis 243 (mit Farb-Abb.).
– Beziehungen zwischen der polnischen und europäischen Renaissancegraphik: Chojecka 1977, 251 bis 270 (mit Abb.).
– Holzschnittbordüre mit Wappen, 15./16. Jh.: Geldner 1980, 212 bis 234.
– Holzschnitte der beiden Bonerdrucke Albrecht

Pfisters, GW 4839 und 4840: Milde 1976, 109 bis 116 (mit Abb.).
- russische Buchholzschnitte des frühen 20. Jhs: Lehmann-Haupt 1982, 277 bis 281 (mit Abb.).
- xylographisches Fragment von GW 2672: Geldner 1981, 143 bis 147 (mit Abb.). — Siehe auch **Graphik; Buchillustration.**

Homer-Illustrationen (der beiden Friedrich Preller): Krueger 1976, 448 bis 473 (mit Abb.).

Hon(n)iger, Jakob (Student der Medizin in Erfurt, 1486)
- Verfasser von drei Kalendern, 1494 und 1513: Juntke 1977, 85 bis 90 (mit Abb.).

Honterus, Johannes (* 1498, † 1549, Humanist und Reformator in Siebenbürgen, Gründer einer Druckerei in Kronstadt)
- als Buchillustrator: Borsa 1986, 35 bis 56 (mit Abb.).

Hospitaliter vom Hl. Geist (Orden in Montpellier)
- ›Bruderschaftsbrief‹, Venedig 1492: Borsa 1984, 142 bis 144.

Jäger, Johann (Drucker in Zittau, 1610–1619): Bohatcová 1980, 155 bis 173 (mit Abb.).

Janus Pannonius (* 1434, † 1472, ungarischer Humanist und Dichter)
- unbekannte Erstausgabe von Epigrammen: Csapodi-Gárdonyi 1979, 53 bis 57 (mit Abb.).

Ikonographie siehe **Buchillustration.**

Illinois/USA
- Universitätsbibliothek (die Büchersammlung von Pater Rivadeneyra, S. J.): Laurenti/Porqueras-Mayo 1986, 355 bis 360.

Illuminatorenwerkstatt siehe **Corvinus,** Matthias.

illuminierte Bibeln siehe **Bibeldrucke.**

Illustration siehe **Buchillustration.**

Immenhausen (bei Kassel)
- Gutenbergbibel: Staub 1976, 74 bis 85 (mit Abb. und Farb-Abb.).

Imprimatur siehe **Druckreif-Vermerk.**

Indien
- Missionsbuchdruck: Duverdier 1976, 351 bis 363 (mit Abb.). — Duverdier 1978, 189 bis 197 (mit Abb.).

Information
- und Dokumentation (Programm der Bundesregierung, 1974–1977): Donth 1981, 21 bis 45.

- die private Bibliothek als Informationsbasis: Ellwein 1981, 46 bis 54.

Initialen
- handgedruckte Initialen in italienischen Inkunabeln (1469–1474): Donati 1978, 37 bis 42 (mit Abb.).
- Psalterium Moguntinum, 1457: Goff 1978, 32 bis 36 (mit Abb.).

Inkunabelforschung (und wissenschaftliche Methoden): Koppitz 1983, 13 bis 15.

Inkunabeln
- Inkunabelbeidrucke (Textbeschreibung): Langer 1979, 51 f.
- Katalogisierungsprobleme: Langer 1976, 172 bis 185 (mit Tabellen).
- in Rumänien im 15./16. Jh.: Dima-Drăgan 1976, 165 bis 171.
- Varianten von Exemplaren derselben Ausgabe: Labarre 1979, 96 f. — Siehe auch **Buchdruck; Frühdruck.**

Inkunabelsammlungen siehe **Frühdruck.**

Inschriften
- griechische Inschrift aus Pakistan: Humbach 1976, 15 bis 17 (mit Abb.).

Inzigkofen (bei Sigmaringen/Donau)
- ehemalige Klosterbibliothek: Engelmann 1976, 520 bis 525 (mit Abb.).

Joannes Baptista Gratiadei: Rhodes 1986, 177 bis 179.

Jobin, Bernhard (Drucker in Straßburg, ab 1560)
- Bibliographie der Einblattdrucke: Weber 1976, 270 bis 290 (mit Abb.).

Johannes de Gregoriis siehe **Gregori,** Giovanni de.

Johannes aus Landshut (Kontroverse mit Argula von Grumbach, 1524): Bezzel 1986, 201 bis 207 (mit Abb.).

Italien
- *Frühdruck*
- - die drei Florentiner Ausgaben des Psalterium Sancti Hieronymi: Rhodes 1985, 153 f.
- - handgedruckte Initialen: Donati 1978, 37 bis 42 (mit Abb.).
- - italienische Übersetzungen von griechischen Klassikern: Hirsch 1981, 148 bis 150.
- *Buchdruck*
- - im 15./16. Jh.: Borsa 1976, 311 bis 314. — Borsa 1977, 166 bis 169. — Borsa 1978, 156 f.
- - Drucker vor 1601: Borsa 1977, 166 bis 169. — Borsa 1978, 156 f.
- - Druckorte vor 1601: Borsa 1976, 311 bis 314.

— — italienische Ausgaben von Ortelius: Theatrum Orbis terrarum, 1570: de Clercq 1978, 158 bis 167 (mit Abb.).
— *Bibliophile* (Gaetano Poggiali, 1753 – 1814): Servolini 1981, 214 bis 217 (mit Abb.).
— *Zeitschriften* (›La Bibliofilia‹): Balsamo 1981, 223 bis 228 (mit Abb.).

IuD-Programm siehe **Programm der Bundesregierung** für Information und Dokumentation.

Jugendmedienschutz siehe **Zensur.**

Jugendstil
— Schrift im Wiener Jugendstil: Hurm 1978, 20 bis 25 (mit Abb.).

Juristische Buch, Das, in Geschichte und Gegenwart (Schwerpunktthema): Bohatcová 1984, 25 bis 35 (mit Abb.). – Halporn 1984, 36 bis 51. – Thilo 1984, 52 bis 66.

Kaiser Friedrich-Legende (und das Fragment vom Weltgericht): Kapr 1985, 105 bis 114.

Kalender
— drei Kalender von Jakob Honniger, 1494 und 1513: Juntke 1977, 85 bis 90 (mit Abb.).
— ein unbekannter Wandkalender der Wiener Jesuitendruckerei: Soltész 1976, 264 bis 269 (mit Abb.).
— Siehe auch **Almanache.**

Kanontexte (des ›Missale speciale‹ von Johann Grüninger und Johann Prüß, 1498): Juntke 1981, 154 bis 160 (mit Abb.).

Kartenspielabbildungen siehe **Spielkarten.**

Kartenspieldrucke siehe **Spielkarten.**

Kataloge siehe **Bibliotheken; Bücheranzeigen; Verlagskataloge.**

Kennerknecht, Johann Georg (Drucker in Rottweil, ab 1714): Hecht 1984, 180 bis 193.

Klöster (und Bildungswesen im Mittelalter): Ashcroft 1985, 125 bis 139 (mit Abb.).

Klosterbibliotheken siehe **Bibliotheken.**

Klosterreform (und ihr Einfluß auf die Gutenberg-Bibel): König 1984, 83 bis 102 (mit Abb.).

Knaus, Hermann (* 1907, † 1984, buch- und bibliotheksgeschichtlicher Forscher)
— Würdigung zum 70. Geburtstag: Staub 1977, 393 bis 395.
— Nachruf: Borngässer 1984, 360 bis 362.

Koberger, Anton († 1513, Drucker-Verleger in Nürnberg, ab ca. 1471)
— Koberger-Einbände (Makulaturblätter): Rozsondai 1977, 345 bis 347 (mit Abb.).

Kobian, Valentin (Drucker in Ettlingen/Baden, 1530 – 1532): Kastner 1985, 186 bis 201 (mit Abb.).

Köbel, Jakob (* 1460, † 1533, Drucker in Oppenheim, ab 1499): Juntke 1976, 200 bis 206 (mit Abb.). – (Einblattdrucke:) Schanze 1984, 152 bis 154.

Köln
— *Drucker/Verleger: Therhoernen,* Arnold.
— Hausbuchbinderei des Kölner Dominikanerklosters: Knaus 1976, 519.
— ein rheinischer Gesamtkatalog des 15. Jhs: Knaus 1976, 509 bis 518 (mit Abb.).
— seltene Lutherdrucke der Universitäts- und Stadtbibliothek: Quarg 1985, 155 bis 161 (mit Abb.).

Kolb, Albert (* 1891, † 1975, Bibliotheksdirektor der UB Nancy; buchgeschichtlicher Forscher)
— Nachruf: Widmann 1976, 526f. (mit Abb.).

Koranausgaben (im russischen Buchdruck des 18. Jhs): Röhling 1977, 205 bis 210.

Korea
— Erfindung des Buchdrucks: Chweh 1985, 15 bis 18.

Kräuterbücher
— Erstdruck eines tschechischen Kräuterbuchs (Nürnberg: Höltzel 1517): Bohatcová 1981, 175 bis 192 (mit Abb.).

Krakau
— *Drucker/Verleger: Cezary,* Francis. – *Grebel.* – *Haller,* Johann. – *Hochfeder,* Kaspar. – *Lazarus-Druckerei.* – *Maj,* Johann. – *Matyaszkiewicz*. – *Piotrkowczyk.* – *Scharffenberg,* Matthias. – *Ungler,* Florian. – *Vietor,* Hieronymus.
— Buchdruck im 15./16. Jh.: 'Swierk 1976, 194 bis 199.
— Buchdruck vom 16. bis 18. Jh.: Pirozyński/Ptak-Korbel 1976, 392 bis 412 (mit Abb.).

Kremsier
— Bischöfliche Bibliothek: Nop 1978, 363 bis 370 (mit Abb.). – Nop 1979, 315 bis 318. – Nop 1980, 355 bis 358.
— Schloßbibliothek: Nop 1977, 375 bis 381 (mit Abb.).

Kundschafter als Wasserzeichen: Weiß 1986, 155 bis 161 (mit Abb.).

Kunstbüchlein, 1535: Paisey 1980, 113 bis 117.

Lachner, Wolfgang (Buchhändler und Verleger in Basel, Schwiegervater von Johann Froben): Hieronymus 1985, 145 bis 152.

Lancaster
— Quaker Meeting House (Buchbestand): Mullett 1978, 358 bis 362.
— Universitätsbibliothek (Quäkersammlung): Andrews 1976, 333 bis 339 (mit Abb.).

Lanckorońska, Maria Gräfin († 1978, Kunsthistorikerin)
— Nachruf: Bode 1980, 365f. (mit Abb.).

Larisch, Rudolf von (* 1856, † 1934, österreichischer Schriftkünstler)
— Bibliographie seiner Veröffentlichungen: Hurm 1981, 124f.
— Heraldik im Schriftunterricht von Rudolf von Larisch: Hurm 1982, 296 bis 302.
— Rudolf von Larisch und der Streit Antiqua/Fraktur: Hurm 1980, 15 bis 20.
— Rudolf von Larisch und die Wiener Secession: Hurm 1979, 11 bis 17.
— Wandlungen der ›Methode Larisch‹: Hurm 1981, 112 bis 123.

Lazarus-Druckerei (Krakau, 16./17. Jh.): Pirozyński/Ptak-Korbel 1976, 392 bis 412 (mit Abb.)

Lederzeichnungseinband siehe **Einband.**

Lehmann-Haupt, Hellmut (Gutenberg-Preisträger 1980): Mohr 1981, 15. — Koppitz 1981, 16 bis 20.

Leipzig
— Buchdruck (Officina Poetica, 1619–1623): Paisey 1979, 205 bis 209 (mit Abb.).
— das Deutsche Buch- und Schriftmuseum der Deutschen Bücherei: Funke 1984, 194 bis 210.

Lektor(en) siehe **Verlagswesen.**

Lesbarkeit von Schriften: Ovink 1984, 18 bis 24.

Lesegesellschaft siehe **Deutsche Lesegesellschaft.**

Leserforschung
— »Nach dem Buchzeitalter«: Steiner 1982, 58 bis 66.
— Deutsche Lesegesellschaft: Schneider 1978, 241 bis 245.
— Fernsehen und Lesen: Noelle-Neumann 1982, 35 bis 46.
— Lesen in der Informationsgesellschaft: Noelle-Neumann 1986, 295 bis 301.

Lesezeichen (in einer Handschrift der Biblioteca Capitular y Colombina, Sevilla): Wagner 1977, 19 bis 21 (mit Abb.).

Lessing, Gotthold Ephraim (* 1729, † 1781, Dichter und Bibliothekar)
— Papier von Lessing-Druckschriften: Weiß 1980, 174 bis 182 (mit Abb.).

Liberale da Verona (* 1445, † 1527, Maler und Miniator)
— die Äsop-Illustrationen von 1479: Marderstieg 1977, 234 bis 243 (mit Farb-Abb.). — Eberhardt 1977, 244 bis 250 (gegen **Donati** 1976, 138 bis 146, mit Abb.).

Liedflugblätter siehe **Flugblätter/Flugschriften.**

Liège (Lüttich)
— Buchdruck im 15./16. Jh. (Schulbücher mit griechischen Texten): Hoven 1979, 78 bis 86 (Teil I); Hoven 1980, 118 bis 126 (Teil II).

Litauische Literatur (in europäischen wissenschaftlichen Bibliotheken): Šešplaukis 1978, 381 bis 385.

Literaturberichte
— *Bibliographien* zum Buchwesen (gegenwärtiger Stand): Koppitz 1980, 207 bis 211.
— *Buchdruck* des 16. bis 19. Jhs, 1970–1974 (Teil 2): Amelung 1976, 413 bis 431.
— *Buchdruck,* 16./17. Jh.
— — (1975–1977): Urban 1978, 253 bis 265.
— — (1978/79): Urban 1980, 183 bis 199.
— — (1980–1982): Urban 1983, 241 bis 265.
— *Buchdruck,* 20. Jh.
— — (1974–1976): Gerhardt 1977, 219 bis 228.
— — (1976–1978): Gerhardt 1980, 200 bis 206.
— Printing, Book Illustration, Bookbinding, and Book Trade in *Denmark*, 1482–1914: Ilsøe 1985, 258 bis 280.
— die Entwicklung der *Drucktechnik* im Spiegel eines Literaturberichts (1966–1981): Probst 1982, 303 bis 318.
— *Einbandforschung*
— — (1972–1976): Amelung 1977, 358 bis 362, Teil 1; 1978, 313 bis 342, Teil 2.
— — (1977–1981): Amelung 1982, 319 bis 330, Teil 1.
— *rumänische* Buch- und Buchdruckgeschichte des 16. Jhs: Demény 1986, 302 bis 321.
— die Erfassung der älteren *spanischen* Literatur: Reichenberger 1985, 281 bis 302.

London
— *Drucker/Verleger: Caxton,* William. — *Worde,* Wynkyn de.
— Buchdruck im 16. Jh.: Avis 1980, 142 bis 149. — Avis 1982, 241 bis 245.
— Her Majesty's Stationary Office: Cherns 1982, 67 bis 83 (mit Abb.).
— Public Record Office (Sammlung von deutschen Zeitungen des 17. Jhs): Paisey 1978, 168 bis 177.

Lothringen
— Bibliotheken (an der Schwelle vom Mittelalter zur Neuzeit): Finger 1981, 265 bis 276.

Lucas Olchinensis (* ca. 1565 Venedig, Verleger-Professor): Rhodes 1976, 186 bis 189 (mit Abb.).

Lucchesini, Cesare (* 1756, † 1832, italienischer Historiker)
— Bibliothek: Paoli 1978, 371 bis 377 (mit Abb.).

Lüttich siehe **Liège.**

Luther, Martin (* 1483, † 1546)
— bibliographische Probleme anhand der Ausgabe ›Das tauffbucblin verdeudscht‹: Van der Laan 1985, 162 bis 166 (mit Abb.).
— seltene Lutherdrucke in der Universitäts- und Stadtbibliothek Köln: Quarg 1985, 155 bis 161 (mit Abb.).
— Wittenberger Ausgabe (Druckervorlage): Brecht 1976, 234 bis 236.

Lyon
— *Drucker/Verleger: Tournes.*

Madras
— Buchdruck, 18. Jh.: Duverdier 1976, 351 bis 363 (mit Abb.). — Duverdier 1977, 183 bis 194 (mit Abb.).

Maj, Johann (* 1758, † 1831, Drucker in Krakau, ab 1791): Pirozyński/Ptak-Korbel 1976, 392 bis 412 (mit Abb.).

Mainz
— Frühdruck: Geldner 1979, 18 bis 38 (mit Abb.). — (Schlußschriften zweier Mainzer Frühdrucke:) Gerhardt 1976, 92 bis 96.
— Deutsche Lesegesellschaft: Schneider 1978, 241 bis 245.
— Druckerei-Privileg für Johann Friedrich Schiller, 1784: Mathy 1978, 198 bis 201.
— Georg Forster als Universitätsbibliothekar, 1784–1792: Mathy 1979, 319 bis 324.
— Gutenberg-Museum: Halbey 1981, 55 bis 57.
— Wilhelm Heinse, Bibliothekar des letzten Mainzer Kurfürsten: Baeumer 1985, 341 bis 348.

Majuskeln siehe **Typographie.**

Maler, Mathes (Drucker in Erfurt, 16. Jh.): Juntke 1976, 200 bis 206 (mit Abb.).

Mandelreiß, Balthasar
— Türkenschrei, 1454: Geldner 1983, 166 bis 171.

Mann, Thomas (* 1875, † 1955, Schriftsteller; Emblematik): Koschlig 1979, 252 bis 268 (mit Abb.).

Mantuan Fencl, Jan (Drucker in Pilsen, 16. Jh.): Bohatcová 1976, 147 bis 155 (mit Abb.).

Marchant, Jean (Drucker in Paris, 16. Jh): Rhodes 1979, 134 f.

Mardersteig, Giovanni (* 1892, † 1977; Gutenberg-Preisträger 1968)
— Nachruf: Zapf 1978, 14 bis 17 (mit Abb.).

Margarete von Österreich (Wappen): Geldner 1980, 212 bis 234 (mit Abb.).

Margarete von Ungarn (Tochter von König Bela IV.)
— Psalterium: Csapodi 1976, 41 bis 47 (mit Abb.).

Massenkommunikation (und Zeichenentwicklung): Kroehl 1983, 23 bis 34 (mit Abb.).

Massenmedien
— »Nach dem Buchzeitalter«: Steiner 1982, 58 bis 66. — Siehe auch **Bildmedien; Jugendmedienschutz; Leserforschung; Medienforschung; Medienkonkurrenz.**

Mathias (Buchbinder in Wien, nachweisbar ca. 1450–1474)
— Bibel von 1463: Keil/Staub 1984, 328 bis 331.

Matthias Corvinus siehe **Corvinus,** Matthias.

Mattioli, Pierandrea (* 1501, †1577, italienischer Gelehrter, seit 1554 Arzt in Prag)
— Prager Drucke seiner Werke, 1558–1602: Bohatcová 1985, 166 bis 185 (mit Abb.).

Matyaszkiewiscz (* ca. 1680, † 1737?, Drucker in Krakau): Pirozyński/Ptak-Korbel 1976, 392 bis 412 (mit Abb.).

Matz, Nicolaus (* 1443, †1513, Theologe, Stifter der Kirchenbibliothek in Michelstadt): Keil/Staub 1984, 328 bis 331.

Maximilian I., Kaiser (1493–1519)
— Gebetbuch (neue Exemplare): Horninger 1976, 207 bis 212 (mit Abb.).

Medienforschung
— Fernsehen und Lesen: Noelle-Neumann 1982, 35 bis 46. — s. auch **Leserforschung; Massenmedien.**

Medienkonkurrenz (und Buch): Steinbuch 1981, 70 bis 81. — Siehe auch **Massenmedien; Medienforschung.**

Meistergesang (als illustriertes Volksbuch, 1520): Rosenfeld 1980, 97 bis 104 (mit Abb.).

Mérausse, Jean (Verleger in Paris, 1508–1515): Rhodes 1979, 134 f.

Mergentheim
— Bibliothek des Deutschen Ordens: Finger 1980, 325 bis 354 (mit Abb.), Teil 1; 1981, 245 bis 264 (mit Abb.), Teil 2.

Meßbuch/Meßbücher siehe **Missale.**

Meßkataloge
— Frankfurter Meßkataloge in Pariser Bibliotheken: Labarre 1976, 485 bis 489.

Meßrelationen siehe **Zeitungen.**

Michelstadt
— Kirchenbibliothek (zweibändige Bibel mit Einbänden des Wiener Buchbinders Mathias): Keil/Staub 1984, 328 bis 331.

Micro-Editionen siehe **Mikrofilm.**

Microfiche siehe **Mikrofilm.**

Mikrofilm/Mikroverfilmung
— und Buchgeschichte: Franz 1976, 372 bis 382 (mit Abb.).
— Micro-Editionen/Microfiche im Verlags- und Bibliothekswesen: Mertens 1981, 62 bis 69 (mit Abb.).

Minuskel-Schrift (karolingische und humanistische): Hurm 1976, 18 bis 24 (mit Abb.).

Missale
— *Missaldrucke*
— — die lateinischen und deutschen Missalien seit dem 2. Vatikanischen Konzil: Reifenberg 1985, 221 bis 232 (mit Abb.).
— *Einzelne Exemplare*
— — Missale Coloniense (Köln, Fraterherren 1514): Knaus/Staub 1977, 104 bis 112 (mit Abb.).
— — Kanontexte des ›Missale speciale‹ von Johann Grüninger und Johann Prüß: Juntke 1981, 154 bis 160 (mit Abb.).

Missionsbuchdruck
— in Halle/Saale: Duverdier 1976, 351 bis 363 (mit Abb.). — Duverdier 1977, 183 bis 194 (mit Abb.).
— in Indien: Duverdier 1976, 351 bis 363 (mit Abb.). — Duverdier 1977, 183 bis 194 (mit Abb.). — Duverdier 1978, 189 bis 197 (mit Abb.).
— in Namibia/Südwestafrika: Moritz 1979, 269 bis 276 (mit Abb.).

Mörike, Eduard (* 1804, † 1875, Dichter; Emblematik): Koschlig 1979, 251 bis 268 (mit Abb.).

Molitor, Heinrich (Schreiber; Illuminator der B 42, Exemplar der Stiftung Martin Bodmer, Cologny): König 1984, 83 bis 102 (mit Abb.).

Moskau
— Zentrales Staatsarchiv für alte Akten (CGADA), Sammlung von deutschen Zeitungen des 17. Jhs: Simonov 1979, 210 bis 220.

München
— *Drucker/Verleger: Buchbinder,* Benedikt. — *Schauer,* Hans. — *Schobser,* Hans.
— Buchdruck (Anfänge): Geldner 1982, 197 bis 208 (mit Abb.).
— Bayerische Staatsbibliothek, Gebetsrolle (Clm 28961): Rosenfeld 1976, 48 bis 56 (mit Abb.). — Becker 1976, 57 bis 63.

mündliche Überlieferung (und Buchdruck): Politis 1985, 252 bis 257.

Münster, Sebastian (* 1488, † 1552, Humanist)
— Kosmographie (italienische Ausgaben): Horch 1976, 237 bis 247 (mit Abb.).
— eine unbekannte Ausgabe der ›Cosmographia universalis‹: Horch 1977, 160 bis 165 (mit Abb.).

Münzer, Hieronymus (* 1437, † 1508, Stadtarzt in Nürnberg)
— Bericht über den frühesten Buchdruck: Geldner 1978, 67 bis 69.

Museen
— Buchpflege: Gast/Zeyen 1982 (Sonderbeilage), 17 bis 26 (mit Abb.).

Musiknotendruck siehe **Notendruck.**

Nachrufe
— Eduard Born: Gerhardt 1978, 18 f. (mit Abb.).
— Wytze Hellinga: Koppitz 1985, 354 f. (mit Abb.).
— Hermann Knaus: Borngässer 1984, 360 bis 362.
— Albert Kolb: Widmann 1976, 526 f. (mit Abb.).
— Maria Gräfin Lanckorońska: Bode 1980, 365 f. (mit Abb.).
— Giovanni Mardersteig: Zapf 1978, 14 bis 17 (mit Abb.).
— Heinz Roosen-Runge: Koppitz 1984, 358 f. (mit Abb.).
— Aloys Ruppel: Halbey 1978, 11 bis 13 (mit Abb.).
— Ilse Schunke: Staub 1980, 367 bis 369 (mit Abb.).
— Hans Widmann: Geldner 1976, 7 bis 9 (mit Abb.).

Namibia/Südwestafrika
— Buchdruck (Anfänge): Moritz 1979, 269 bis 276 (mit Abb.).

Naturpapier siehe **Papier(forschung).**

Neithart-Fuchs-Druck, 1537: Schanze 1986, 208 bis 210.

Neuhausen bei Worms
— Ablaßbriefe, 1461 und 1462: Kapr 1976, 101 bis 108 (mit Abb.).

Nicolaus Angelius (GW 1905): Rhodes 1983, 177 f.

Niederlande
— Buchdruck im 15./16. Jh. (Schulbücher mit griechischen Texten, 1483–1600): Hoven 1979, 78 bis 86 (Teil 1); 1980, 118 bis 126 (Teil 2). — Siehe auch **Belgien.**

Nigrinus, Georgius (Drucker in Prag, Ende des 16. Jhs): Bohatcová 1982, 246 bis 262 (mit Abb.).

Nördlingen
— Bibliothek des Johannes Protzer aus Nördlingen: Amelung 1981, 277 bis 283.

Notendruck
— Dokumentation der Musikdrucke von den Anfängen bis 1800 (RISM): Rösing/Schlichte 1983, 131 bis 139.

- System zur Beschreibung und Klassifizierung von Musiknotendrucken des 15. Jhs: Duggan 1984, 67 bis 76 (mit Abb.).
- Notendruck in der Frühdruckzeit: Przywecka-Samecka 1978, 51 bis 56.
- Notendruck im Frühdruck des deutschsprachigen Raums: Krummel 1985, 80 bis 98 (mit Abb.).
- Drucklegung von Musikalien im 20. Jh. (Oper ›Wozzeck‹ von Alban Berg): Hilmar 1983, 112 bis 130 (mit Abb.).
- Herstellung von Druckvorlagen für Musiknoten seit 1945: Morat 1984, 77 bis 82 (mit Abb.).
- Stereomelotypie: Devries 1983, 105 bis 111 (mit Abb.).

Nothelfer/Die vierzehn Nothelfer (in der frühen Druckgraphik): Geldner 1985, 303 bis 315 (mit Abb.).

Nürnberg
- *Drucker/Verleger: Dyon,* Adam. – *Höltzel,* Hieronymus. – *Pekk,* Hanns. – *Petreius,* Johann. – *Peypus,* Friedrich.
- die Anfänge typographischer Zusammenarbeit zwischen Nürnberg und Böhmen im 15./16. Jh.: Bohatcová 1976, 147 bis 155 (mit Abb.).
- Erstdruck eines tschechischen Kräuterbuchs (Nürnberg: H. Höltzel 1517): Bohatcová 1981, 175 bis 192 (mit Abb.).

Numeister, Johannes (Drucker in Foligno, 1470 bis 1472; Gehilfe Gutenbergs in Mainz, 1479/80): Geldner 1979, 18 bis 38 (mit Abb.).

Obermarchtal/Donau
- Bibliothek des ehemaligen Prämonstratenserstifts: Weißenberger 1976, 474 bis 481 (mit Abb.).

Österreich
- Buchhandel: Rob 1985, 233 bis 251.
- zwei Eingaben Alois Auers an die Metternichsche Staatskanzlei, 1839: Koppitz 1985, 202 bis 220.
- Österreichische Staatsdruckerei, Wien (neue Rechtsform): Schwarzmann 1982, 92 bis 94.
- Verlagswesen: Rob 1985, 233 bis 251.

Officina Poetica, Leipzig (1619–1623): Paisey 1979, 205 bis 209.

Olmütz
- die Münzsammlung der Olmützer Erzbischöfe: Nop 1977, 379 bis 381, Teil 1; 1978, 369f., Teil 2; 1979, 317f., Teil 3; 1980, 357f., Teil 4.

Olschki, Leo S. (Verleger von ›La Bibliofilia‹, Firenze 1899ff.): Balsamo 1981, 223 bis 228 (mit Abb.).

Oppenheim
- *Drucker/Verleger: Köbel,* Jakob.

Ordensbibliotheken siehe **Bibliotheken.**

Ortelius, Abraham (* 1527, Humanist)
- Theatrum Orbis terrarum, 1570 (italienische Ausgaben): de Clercq 1978, 158 bis 167 (mit Abb.).

Osius, Hieronymus (Professor der Poesie in Wittenberg und Jena, 16. Jh.)
- ein autographisch dedizierter Osius-Band: Rozsondai 1978, 309 bis 312 (mit Abb.).

Osmanischer Buchdruck siehe **Türkei.**

Ovink, Gerrit Willem (* 1912, † 1984, künstlerischer Berater der Schriftgießerei Amsterdam und Professor an der Universität Amsterdam)
- Gutenberg-Preisträger 1983: Friedlaender 1984, 14 bis 17. – Ovink 1984, 18 bis 24.
- Kurzbibliographie seiner Veröffentlichungen: 1984, 24.

Pacioli, Luca
- Summa de Arithmetica, 1494: Yamey 1976, 156 bis 161 (mit Abb.). – Yamey 1980, 363f.

Pakistan
- griechische Inschrift: Humbach 1976, 15 bis 17 (mit Abb.).

Paläographie (und **Paläotypie**) im Dienst der Gutenberg-Forschung: Mazal 1983, 79 bis 88 (mit Abb.).

Papier(forschung)
- *Alterungsprozeß* von Papier: 1982 (Sonderbeilage), 3 bis 51.
- zur *Chemotechnologie* dauerhafter Naturpapiere: Hein/Willemer 1982 (Sonderbeilage), 27 bis 37.
- papiergeschichtliche *Datensammlung* (am Beispiel italienischer Architekturzeichnungen der Renaissance): Wurm 1986, 147 bis 154 (mit Abb.).
- *grünes Papier* für Zwecke des Buchdrucks: Weiß 1976, 25 bis 35 (mit Abb.).
- *Lebensdauer* von Druckpapieren und Büchern: Schmiedt 1982 (Sonderbeilage), 39 bis 42.
- Papier von *Lessing-Druckschriften:* Weiß 1980, 174 bis 182 (mit Abb.).
- *Naturpapiere:* Hein/Willemer 1982 (Sonderbeilage), 27 bis 37.
- *Vorsatzpapier* (Entwicklungsgeschichte): Weiß 1983, 140 bis 158 (mit Abb.).
- Papier der *Wieland-Prachtausgabe,* 1794: Weiß 1978, 26 bis 31 (mit Abb.). – Siehe auch **Wasserzeichen.**

Papstsatire (›Julius exclusus-Dialog‹): Hieronymus 1984, 157 bis 162 (mit Abb.).

Paris
- *Drucker/Verleger: Caillaut,* Antoine. – *Cesaris,* Petrus. – *Didot,* Firmin Ambroise. – *Mérausse,* Jean. – *Stol,* Johannes.
- Frühdruck: Veyrin-Forrer 1976, 117 bis 129 (mit Abb.).

— Buchdruck, 17. Jh. (Aphthonius: Progymnasmata): Margolin 1979, 228 bis 240 (mit Abb.).
— Frankfurter Meßkataloge in Pariser Bibliotheken: Labarre 1976, 485 bis 489.
— Staatsdruckerei: Willemetz 1982, 95 bis 105 (mit Abb.).

Parix, Juan (* 1430/1440, Drucker in Segovia und Toulouse, 1472 – 1479): Odriozola 1976, 130 bis 137 (mit Abb.).

Paul III., Papst (1534 – 1549)
— Privatbibliothek: Donati 1977, 369 bis 374 (mit Abb.).

Paulirinus, Paulus (als Zeuge für die beiden ältesten Bibeldrucke): Geldner 1984, 133 bis 139 (gegen **Meuthen** 1982, 108 bis 118).

Pekk (Beck, Ulbeck), Hanns (Jan) (Drucker in Nürnberg und Pilsen, ab 1526)
— typographische Beziehungen zwischen Nürnberg und Böhmen: Bohatcová 1976, 147 bis 155 (mit Abb.).
— Drucker der ersten tschechisch-deutschen Konversations-Unterweisung, 1531: Bohatcová 1977, 140 bis 143.

Perikopenbücher
— die Illustrationen der ältesten ungarischen Perikopenbücher: Borsa 1979, 283 bis 290, Teil 1 (mit Abb.); 1980, 246 bis 257, Teil 2 (mit Abb.); 1981, 229 bis 233, Teil 3 (mit Abb.); 1982, 236 bis 240, Teil 4 (mit Abb.); 1983, 186 bis 194, Teil 5 (mit Abb.).

Petreius, Johann (Drucker in Nürnberg, 1524 – 1550): Soltész 1980, 105 bis 112 (mit Abb.).

Peypus, Friedrich (* 1485, † 1534, Drucker in Nürnberg, ab 1512): Bohatcová 1976, 147 bis 155 (mit Abb.).

Pfister, Albrecht († 1464, Drucker in Bamberg, ab 1461)
— Bonerdrucke (GW 4839/4840): Milde 1976, 109 bis 116 (mit Abb.).

Pflanzmann, Jodocus (* um 1430, † ca. 1500, Drucker in Augsburg)
— Briefe: Presser 1983, 172 bis 176 (mit Abb.).

Pflichtexemplar(recht)
— Ablieferungspflicht von Druckwerken an die Deutsche Bibliothek in Frankfurt am Main: Picard 1982, 51 bis 57.

Pforzheim
— *Drucker/Verleger: Anshelm,* Thomas.

Piccolomini, Aeneas Silvius (Sylvius) siehe **Pius II.**

Piktogramme (Massenkommunikation und Zeichenentwicklung): Kroehl 1982, 23 bis 34 (mit Abb.).

Pilsen
— *Drucker/Verleger: Mantuan Fencl,* Jan. – *Pekk,* Hanns.

Piotrkowczyk-Druckerei (Krakau, 16./17. Jh.): Pirozyński/Ptak-Korbel 1976, 392 bis 412 (mit Abb.).

Pius II., Papst (Aeneas Silvius Piccolomini, 1458 – 1464)
— Brief vom 12. März 1455 aus Wiener Neustadt an Kardinal Juan de Carvajal über den ältesten Bibeldruck: Meuthen 1982, 108 bis 118.
— als Zeuge für die beiden ältesten Bibeldrucke: Geldner 1984, 133 bis 139 (gegen **Meuthen** 1982, 108 bis 118).

Platina siehe **Sacchi,** Bartolomeo de.

Pötzlinger, Hermann (* ca. 1415, † 1469, Rector Scolarium im Kloster St. Emmeram Regensburg)
— Privatbibliothek: Rumbold 1985, 329 bis 340 (mit Abb.).

Poggiali, Gaetano (* 1753, † 1814, italienischer Bibliophile und Bibliograph): Servolini 1981, 214 bis 217 (mit Abb.).

Polen
— Buchdruck in Krakau vom 16. – 18. Jh.: Pirozyński/Ptak-Korbel 1976, 392 bis 412 (mit Abb.).
— Renaissancegraphik (Holzschnitt): Chojecka 1977, 251 bis 270.

Pollack, Jan (Illustrator des Münchner Eigengerichtsspiels, 1510): Rosenfeld 1982, 225 bis 233 (mit Abb.).

Pondichéry
— Buchdruck (im 18. Jh.): Duverdier 1976, 351 bis 363 (mit Abb.).

Portaleone, Abraham ben David (* 1542, † 1612, Naturwissenschaftler)
— zur Druckgeschichte seiner Schrift ›Shiltei ha-Geborim‹ (Shield of the Mighty): Pollak 1976, 315 bis 325 (mit Abb.).

Pozsony siehe **Preßburg.**

Prag
— *Drucker/Verleger: Nigrinus,* Georgius.
— Strahov-Bibliothek, Sammelbuch des Václav Dobřenský: Bohatcová 1979, 172 bis 183 (mit Abb.).
— Prager Drucke der Werke des Pierandrea Mattioli, 1558 – 1602: Bohatcová 1985, 166 bis 185 (mit Abb.).

Praktiken siehe **Almanache.**

Preller d. Ä., Friedrich (* 1804, † 1878, Maler, ab 1831 Lehrer an der Weimarer Zeichenschule)
— Homer-Illustrationen: Krueger 1976, 448 bis 473 (mit Abb.).

Preller d. J., Friedrich (* 1838, †1901, Maler)
— Homer-Illustrationen: Krueger 1976, 448 bis 473 (mit Abb.).

Preßburg (tschechisch Bratislava, ungarisch Pozsony)
— Frühdruck: Csapodi 1983, 163 bis 165 (mit Abb.).

Privatbibliotheken siehe **Bibliotheken**.

Privilegien (Druckprivilegien)
— »halblegaler« Buchdruck in Frankreich im 18. Jh.: Weil 1986, 211 bis 227 (mit Abb.).

»Probleme des Musiknotendrucks« (Schwerpunktthema) siehe **Notendruck**.

Prognostica siehe **Almanache**.

Programm der Bundesregierung zur Förderung von Information und Dokumentation, 1974–1977: Donth 1981, 21 bis 45.

Protzer, Johannes (* ca. 1470, † 1528, Jurist und Büchersammler in Nürnberg): Amelung 1981, 277 bis 283.

Prüß, Johannes (* 1447, † 1510, Drucker in Straßburg)
— Kanontexte des ›Missale speciale‹, 1498: Juntke 1981, 154 bis 160 (mit Abb.).

Psalterium
— Psalterium Sancti Hieronymi (drei Florentiner Ausgaben): Rhodes 1985, 153 f.
— Psalterium der Hl. Margarete von Ungarn in der Herzog August Bibliothek Wolfenbüttel: Csapodi 1976, 41 bis 47 (mit Abb.).
— Psalterium Moguntinum (Mainz: Fust & Schöffer 1457)
— — Initialen: Goff 1978, 32 bis 36 (mit Abb.).
— — Schlußschrift: Gerhardt 1976, 92 bis 95.

Pynson, Richard († 1530, Drucker und Buchbinder in London)
— Holzschnitte in seinen Drucken: Smith 1986, 322 bis 343 (mit Abb.).

Raphael Franciscus (Raphael Francus Florentinus; Professor in Bologna und Pisa, Anfang 16. Jh.): Rhodes 1980, 79 bis 81.

Ratdolt, Erhard († 1527/28, Drucker in Venedig und Augsburg, 1476–1527)
— Druck mit Blattgold: Gerhardt 1984, 145 bis 150.

Rechtsliteratur siehe **Buch/Bücher; Corpus Iuris civilis; (das) Juristische Buch**.

Reformatio Sigismundi (›Reformation Kaiser Sigmunds‹, 1439, gedruckt 1476): Koller 1984, 117 bis 127.

Reformation
— und Buchillustration: Soltész 1976, 264 bis 269.

Regensburg
— St. Emmeram (Bibliothek von Hermann Pötzlinger, Rector Scolarium): Rumbold 1985, 329 bis 340 (mit Abb.).

Registrum
— bei Heinrich Eggestein und oberrheinischen Frühdruckern: Amelung 1985, 115 bis 124 (mit Abb.).

Renaissancegraphik siehe **Holzschnitt**.

Reutlingen
— *Drucker/Verleger: Greyff,* Michael.

Richenbach, Johannes (Buchbinder in Geislingen, 1468–1485)
— Richenbach-Einbände in den USA: Pingree 1977, 330 bis 344 (mit Abb.).

Riga
— periodische Zeitungen im 17. Jh.: Simonov 1984, 172 bis 179 (mit Abb.).

Rio de Janeiro
— Nationaldruckerei, Dekret von 1813: Peixoto 1977, 211 f. (mit Abb.).

RISM (Dokumentation der Musikdrucke von den Anfängen bis 1800): Rösing/Schlichte 1983, 131 bis 139.

Ritter, Johann Christian (* 1755, † 1810, Buchbinder und Drucker in Südafrika): Lamperstorfer 1976, 364 bis 371 (mit Abb.).

Rivadeneyra, Pater, S. J. (* 1527, † 1611)
— Büchersammlung: Laurenti/Porqueras-Mayo 1986, 355 bis 360.

Rösslin d. J., Eucharius (Stadtarzt in Frankfurt/Main, 1526–1554)
— Kreutterbuch, 1535: Belkin 1978, 96 bis 105 (mit Abb.).

Rolevinck, Werner (* 1425, † 1502, Kartäusermönch, Verfasser des ›Fasciculus temporum‹)
— Druck seiner Werke durch Therhoernen: Marks 1977, 49 bis 56 (mit Abb.).

Rom
— *Drucker/Verleger: Han,* Ulrich.
— Privatbibliothek von Papst Paul III.: Donati 1977, 369 bis 374 (mit Abb.).

Roosen-Runge, Heinz (* 1912, † 1983, Kunsthistoriker)
— Nachruf: Koppitz 1984, 358 f. (mit Abb.).

Rotdruck siehe **Buchdruck.**

Rottenburg/Neckar
— Diözesanbibliothek (Brevier-Wiegendrucke): Borsa 1985, 140 bis 142.
— Seminarbibliothek (gotische Einbände): Hummel 1979, 297 bis 305 (mit Abb.).

Rottweil
— *Drucker/Verleger: Feyrer,* Hilarius. — *Kennerknecht,* Johann Georg.
— Buchdruck im 18. Jh.: Hecht 1984, 180 bis 193.

Rouen
— Drucke, ca. 1510–1520: Hirsch 1976, 190 bis 193 (mit Abb.).

Roux, Pierre (Drucker in Avignon, 1567–1571): Aquilon 1977, 146 bis 154 (mit Abb.).

Rubrik(en)-Druck (in der B 42): Corsten 1981, 136 bis 138 (*Richtigstellung:* Corsten 1982, 119).

Rumänien
— Buchdruck des 16. Jhs (Literaturbericht): Demény 1986, 302 bis 321.
— Bibliotheken
— — Inkunabelbestände in Rumänien im 15./16. Jh.: Dima-Drăgan 1976, 165 bis 171.
— — Rumänische Bibliotheken im 17. und 18. Jh.: Dima-Drăgan 1978, 347 bis 357 (mit Abb.).

Runge, Georg (Drucker und Zeitungsverleger in Berlin, ab 1610): Plümacher 1984, 163 bis 171 (mit Abb.).

Ruppel, Aloys (* 1882, † 1977, Begründer und Herausgeber des Gutenberg-Jahrbuchs 1926–1969)
— Nachruf: Halbey 1978, 11 bis 13 (mit Abb.).

Rußland
— *Buchdruck* im 18. Jh.
— — Koranausgaben: Röhling 1977, 205 bis 210.
— — deutsche und österreichische Rechtsliteratur: Röhling 1976, 340 bis 350.
— *Buchholzschnitte* des frühen 20. Jhs: Lehmann-Haupt 1982, 277 bis 281 (mit Abb.).

Sacchi (Platina), Bartolomeo de (15./16. Jh., Verfasser von ›De honesta voluptate‹)
— lateinische Ausgaben: Milham 1977, 57 bis 63.
— Übersetzungen: Milham 1979, 87 bis 95 (mit Abb.).

Satztechnik siehe **Drucktechnik; Buchherstellung.**

Scharffenberg, Matthias (Drucker in Krakau, 16. Jh.): Pirozyński/Ptak-Korbel 1976, 392 bis 412 (mit Abb.).

Schauer, Hans (Drucker in München, 1482): Geldner 1982, 197 bis 208 (mit Abb.).

Schedel, Hartmann (* 1440, † 1514, Physikus und Bibliophile in Nürnberg)
— Ex-Libris in Rumänien: Dima-Drăgan 1980, 359 bis 362.

Schenckels, Lambert-Thomas (* 1547, belgischer Humanist)
— seltene Drucke: Hoven 1978, 121 bis 126.

Schiller, Friedrich von (* 1759, † 1805)
— und Göschen und der ›Historische Kalender für Damen‹: Hahn 1976, 490 bis 499 (mit Abb.).

Schiller, Johann Friedrich (* 1737, Drucker in Mainz)
— Druckerei-Privileg, Mainz 1784: Mathy 1978, 198 bis 201.

Schleswig
— Einband der Schleswiger Bibel, 1664: Juntke 1980, 316 bis 324 (mit Abb.).

Schlußschriften
— zweier Mainzer Frühdrucke: Gerhardt 1976, 92 bis 96.

Schobser (Schopser, Schoppser), Hans (Drucker in Augsburg, 1485–1498; in München, ab 1499–1530): Geldner 1982, 197 bis 208 (mit Abb.). — (Drucker des Münchner Eigengerichtsspiels, 1510:) Rosenfeld 1982, 225 bis 233 (mit Abb.).

Schrift
— Antiqua für deutsche Texte (1733): Paisey 1983, 232 bis 240.
— Antiqua und Fraktur (Rudolf von Larisch und der Streit Antiqua/Fraktur): Hurm 1980, 15 bis 20.
— Computer-Schrift: Frutiger 1985, 19 bis 25 (mit Abb.).
— über die Formbildung der Strichendigungen: Hurm 1976, 18 bis 24 (mit Abb.).
— Gestaltungseinheiten im Leben des Schriftkünstlers Adrian Frutiger: Heiderhoff 1985, 29 bis 64 (mit Abb.).
— griechische Schrift: Humbach 1976, 15 bis 17 (mit Abb.).
— Heraldik im Schriftunterricht von Rudolf von Larisch: Hurm 1982, 296 bis 302.
— klassische Schriften und Fotosatz: Willberg 1981, 82 bis 96 (mit Abb.).
— Lesbarkeit von Schriften: Ovink 1984, 18 bis 24.
— Nachbildung historischer Handschriften: Hurm 1977, 13 bis 18.
— Schrift in der Öffentlichkeit: Zapf 1976, 388 bis 391.

- Schriftunterricht bei Rudolf von Larisch: Hurm 1982, 296 bis 302.
- Schriftzeichen für die Satztechnik der Gegenwart: Frutiger 1985, 15 bis 18 (mit Abb.).
- Wandlungen der ›Methode Larisch‹: Hurm 1981, 112 bis 123.
- Zeilenführung und Lineament im Wiener Jugendstil: Hurm 1978, 20 bis 25 (mit Abb.). – Siehe auch **Inschriften; Typographie.**

Schriftgießereien
- Haas'sche Schriftgießerei, Münchenstein – Basel (Geschichte): Wanner 1979 (Beilage, I – XV).

Schriftzeichen siehe **Schrift.**

Schürer, Mathias (Drucker in Straßburg, ab 1508)
- ›Avis au lecteur‹: Saffrey 1979, 143 bis 145.

Schulbücher
- in den Niederlanden, 15./16. Jh. (griechische Texte): Hoven 1979, 78 bis 86, Teil 1; 1980, 118 bis 126, Teil 2.
- in Serbien, 18. Jh.: Röhling 1979, 246 bis 251.

Schunke, Ilse (* 1892, † 1979, Einbandforscherin)
- Nachruf: Staub 1980, 367 bis 369 (mit Abb.).

Seckingen, Hans Friedel von (Bankier der Straßburger Gutenberg-Gesellschaften): von Stromer 1983, 45 bis 48.

Segovia (Spanien)
- *Drucker/Verleger: Parix,* Juan.

Serbien
- Buchdruck im 18. Jh. (Schulbücher): Röhling 1979, 246 bis 251.

Sevilla
- Biblioteca Capitular y Colombina (Lesezeichen): Wagner 1977, 19 bis 21 (mit Abb.).

Shakespeare-Drucke (Addle Hill, 1597 – 1599): Avis 1979, 199 bis 204.

Sibyllen(-darstellungen) siehe **Buchillustration.**

Siegmund, Kaiser (1410 – 1437)
- Reformatio Sigismundi, 1439, gedruckt 1476: Koller 1984, 117 bis 127.

Sixtus IV., Papst (1471 – 1484)
- Ablaßverkündigung (Einblattdruck von Michael Greyff): Soltész 1977, 72 bis 74.

Slevogt, Max (* 1868, † 1932, Maler und Graphiker)
- Buchillustration zu ›Der Eisenhans‹: Harthausen 1977, 323 bis 329 (mit Abb.).

Spanien
- Frühdruck: Odriozola 1976, 130 bis 137 (mit Abb.). – (katalanische Inkunabel:) Escobedo 1985, 143 f.
- Literaturbericht (Erfassung der älteren spanischen Literatur): Reichenberger 1985, 281 bis 302.

Spielkarten
- der neu entdeckte oberrheinische Eselkopf-Kartenspiel-Druck, um 1540: Rosenfeld 1986, 344 bis 354 (mit Abb.).
- französische Spielkarten als Dokumente verlorener Volksliteratur, um 1500: Rosenfeld 1978, 90 bis 95 (mit Abb.).
- ein Meistergesang als illustriertes Volksbuch mit Kartenspielabbildungen, 1520: Rosenfeld 1980, 97 bis 104 (mit Abb.).

Spies, Johann Philipp (Drucker in Ettlingen/Baden, 1606/1607): Kastner 1985, 186 bis 201 (mit Abb.).

Sprache des Bildes (und Schrift und Druck und gesprochenes Wort): Holzamer 1981, 58 bis 61.

Staatsdruckereien
- Brasilien, Imprensa nacional do Rio de Janeiro: Peixoto 1977, 211 f.
- England, Her Majesty's Stationary Office: Cherns 1982, 67 bis 83 (mit Abb.).
- Frankreich, L'Imprimerie nationale: Willemetz 1982, 95 bis 105 (mit Abb.).
- Griechenland, Centre for Neo-Hellenic Research of the National Hellenic Research Foundation: Droulia 1982, 84 bis 91.
- Österreich, Staatsdruckerei (neue Rechtsform): Schwarzmann 1982, 92 bis 94.

Statutenbücher (des französischen Ritterordens des hl. Michael und ihre Einbände): Juntke 1982, 331 bis 337 (mit Abb.).

Stereomelotypie siehe **Notendruck.**

Stiftung Lesen siehe **Deutsche Lesegesellschaft.**

Stol (Stoll), Johannes (Drucker in Paris, 1473 – 1478, Kompagnon von Petrus Cesaris): Veyrin-Forrer 1976, 117 bis 129 (mit Abb.).

Straßburg
- *Drucker/Verleger: Eggestein,* Heinrich. – *Grüninger,* Johann. – *Jobin,* Bernhard. – *Schürer,* Mathias.
- archivalische Quellen zu Gutenbergs Tätigkeit in Straßburg: Fuchs 1983, 19 bis 21.
- Hans Friedel von Seckingen, Bankier der Straßburger Gutenberg-Gesellschaften: von Stromer 1983, 45 bis 48.

Strigonium siehe **Gran** (Ungarn).

Stürmer, Wolfgang (Drucker in Erfurt, 1506/1507 und 1521 – 1551)
- unbekannte Temporaldrucke: Juntke 1978, 115 bis 120 (mit Abb.).

Stuttgart
— *Drucker/Verleger: Cantz,* Walter.

Südafrika
— Buchdruck: Lamperstorfer 1976, 364 bis 381 (mit Abb.).

Südslawischer Buchdruck
— in Urach/Württemberg: Vorndran 1976, 291 bis 297 (mit Abb.).

Südwestafrika siehe **Namibia**.

Tangut (Nordwestchina)
— Druck mit beweglichen Lettern: Carrington Goodrich 1976, 64 f. (mit Abb.).

Technik der Buchherstellung siehe **Buchherstellung**.

Teletext: Ratzke 1976, 383 bis 387 (mit Abb.). — Siehe auch **Bildschirmzeitung**.

Terminologie des Buchdrucks siehe **Fachsprache** des Buchdrucks.

Therhoernen, Arnold (Drucker in Köln, 1470 – 1482)
— Druck der Werke von Werner Rolevinck mit handschriftlichen Korrekturen: Marks 1977, 49 bis 56 (mit Abb.).

Titelaufnahme (von Handschriften) siehe **Handschriftenkatalogisierung**.

Titelblatt/Titelblätter
— in französischen *Inkunabeln,* 1486 – 1500: Hirsch 1978, 63 bis 66.
— Titelblatt mit *Petrarca-Zitat:* Donati 1979, 158 f. (mit Abb.).
— Titel und *Überschrift:* Rolle 1986, 281 bis 294.

Titelholzschnitte
— als Druckermarken: Langer 1977, 91 bis 95 (mit Abb.).

Toulouse
— *Drucker/Verleger: Parix,* Juan.

Tournes, Jean I. (* 1504, † 1564, Drucker in Lyon)
— Ovidausgaben: Trautner 1978, 145 bis 155 (mit Abb.).

Tournes, Jean II. (Verleger in Lyon und Genf, ab 1572)
— Ovidausgaben: Trautner 1978, 145 bis 155 (mit Abb.).

Türkei
— Buchdruck (Gestaltung des osmanischen Buchdrucks): Krüger 1981, 218 bis 222 (mit Abb.).

Türkenkalender siehe **Gutenberg**, Johannes (Drucke).

Typen
— Catholicontype (Datierung von H 1425 und H 5803): Gerardy 1980, 30 bis 37 (mit Abb.).
— Typenmaterial in der Frühdruckzeit: Langer 1976, 172 bis 185.
— Antiqua für deutsche Texte (1733): Paysey 1983, 232 bis 240.

Typographie
— Computer-Typographie: Bigelow 1986, 253 bis 270 (mit Abb.).
— funktionelle Typographie im 20. Jh. in Deutschland: Gerhardt 1982, 282 bis 295 (mit Abb.).
— klassische Schriften und Fotosatz: Willberg 1981, 82 bis 96 (mit Abb.).
— die Majuskeln der deutschen Gotico-Antiqua-Typographie des 15. Jhs: Hargreaves 1986, 162 bis 176 (mit Abb.).
— Synthese von Tradition und Zukunft in der gegenwärtigen Typographie: Szántó 1978, 218 bis 226 (mit Abb.). — Siehe auch **Schrift**.

Überlieferungsgeschichte
— Erfindung des Buchdrucks und die Überlieferung deutscher Texte bis zum Beginn des 16. Jhs: Koppitz 1980, 67 bis 78.

Übersetzungen
— italienische Übersetzungen von griechischen Klassikern in der Inkunabelzeit: Hirsch 1981, 148 bis 150.
— von Bartolomeo de Sacchi (Platina), De honesta voluptate: Milham 1979, 87 bis 95 (mit Abb.).

Ulbeck, Hanns, siehe **Pekk**.

Ulm
— *Drucker/Verleger: Dinckmut,* Konrad. — *Hochspringer* d. J., Hans.
— Frühdruck (Praktik auf das Jahr 1489): Amelung 1982, 211 bis 219 (mit Abb.).

Ungarn
— *Frühdruck:* Varjas 1977, 42 bis 48. — Csapodi 1983, 163 bis 165 (mit Abb.).
— *Buchillustration*
— — die Illustrationen der ältesten ungarischen Perikopenbücher: Borsa 1979, 283 bis 290 (mit Abb.), Teil 1; 1980, 246 bis 257 (mit Abb.), Teil 2; 1981, 229 bis 233 (mit Abb.), Teil 3; 1982, 236 bis 240 (mit Abb.), Teil 4; 1983, 186 bis 194, Teil 5.
— — die Illuminatorenwerkstatt des Königs Matthias: Csapodi 1986, 60 bis 63.
— — klösterliche Buchmalerei in Ungarn im 16. Jh.: Csapodi-Gárdonyi 1986, 64 bis 67.
— *Einband* (Buchbeschläge des 14. und 15. Jhs): Irás-Melis 1980, 274 bis 283 (mit Abb.).
— *Bibliotheksgeschichte*
— vom Mittelalter bis zum Frieden von Szatmár (1711): Csapodi 1984, 332 bis 357.

— — vom Frieden von Szatmár (1711) bis zum österreich-ungarischen Ausgleich (1867): Tóth 1986, 361 bis 376.

Ungler, Florian († 1536; Drucker in Krakau, 1510 bis 1516 und 1521–1536): Pirożyński/Ptak-Korbel 1976, 392 bis 412 (mit Abb.).

Universitätsbibliotheken siehe **Bibliotheken.**

Urach/Württemberg
— Südslawische Bibelanstalt (Windische, Chrabatische und Cirulische Trukherey): Vorndran 1976, 291 bis 297 (mit Abb.).

Urheberrecht/Urheberschutz
— Hieronymus Brunschwyg, Liber de arte distillandi . . . (1500) als frühes Zeugnis des Urheberrechts: Belkin 1986, 180 bis 200 (mit Abb.).

USA
— Caxton-Ausgaben in amerikanischen Bibliotheken: Goff 1977, 64 bis 71 (mit Abb.).
— Richenbach-Einbände in den USA: Pingree 1977, 330 bis 344 (mit Abb.).

Váradi, Peter (* um 1450, Humanist, Erzbischof zu Kalosca/Ungarn)
— Reste seiner Bibliothek: Csapodi-Gárdonyi 1977, 363 bis 368 (mit Abb.).

Vépery (bei Madras/Indien)
— Buchdruck im 18. Jh.: Duverdier 1978, 189 bis 197 (mit Abb.).
— Missionsdruckerei, 1761–1772: Duverdier 1977, 183 bis 194 (mit Abb.).

Verlagskataloge
— von Pierre Borremans, 1614: Labarre 1981, 207 bis 209.
— von Peter Braubach, 16. Jh.: Paisey 1976, 248 bis 253 (mit Abb.).

Verlagskonzentration
— in der Bundesrepublik Deutschland: Schaper 1976, 500 bis 508.

Verlagskooperation
— in der Bundesrepublik Deutschland: Schaper 1976, 500 bis 508.

Verlagswesen
— in der Bundesrepublik Deutschland: Schaper 1976, 500 bis 508. – Bohr 1984, 241 bis 316.
— in Österreich: Rob 1985, 233 bis 251.
— Lektoren (Praxis und Geschichte eines jungen Berufsstandes): Göbel 1986, 271 bis 280.
— Micro-Editionen: Mertens 1981, 62 bis 69 (mit Abb.).

Vietor (Büttner, Wietor), Hieronymus (Drucker in Wien, ab 1510): 'Swierk 1976, 194 bis 199.

Volksbücher
— Meistergesang als illustriertes Volksbuch mit Kartenspiel-Abbildungen, 1520: Rosenfeld 1980, 97 bis 104 (mit Abb.).

Vorau/Steiermark
— Chorherrenstift (Katalog der Drucke des 16. Jhs): Hutz 1977, 113 bis 126, Teil 1; 1978, 127 bis 144 (mit Abb.), Teil 2; 1979, 184 bis 192, Teil 3; 1980, 127 bis 141 (mit Abb.), Teil 4; 1982, 263 bis 269, Teil 5; 1983, 215 bis 222 (mit Register), Teil 6.

Vorsatzpapier (Entwicklungsgeschichte): Weiß 1983, 140 bis 158 (mit Abb.).

Wagner, Peter siehe **Cesaris,** Petrus.

Washington
— The Folger Shakespeare Library (Unikate des 16. Jhs): Krivatsy 1979, 160 f. (mit Abb.).

Wasserzeichen
— *einzelne Motive*
— — das Buch im Wasserzeichenbild: Weiß 1984, 103 bis 116 (mit Abb.), Teil 1; 1985, 65 bis 79 (mit Abb.), Teil 2.
— — Kundschafter als Wasserzeichen: Weiß 1986, 155 bis 161 (mit Abb.).
— *Elektronenradiographie* als Hilfsmittel für schwer oder nicht erkennbare Wasserzeichen: Schnitger/Ziesche/Mundry 1983, 49 bis 67 (mit Abb.).
— Entstehung der *schattierten Wasserzeichen:* Weiß 1981, 103 bis 111 (mit Abb.).
— ein neues *Verfahren* für die Abbildung von Wasserzeichen: Amelung 1981, 97 f. – Siener 1981, 99 bis 102 (mit Abb.).

›**Werk der Bücher**‹: Kapr 1981, 126 bis 129.

Widmann, Hans (* 1908, † 1975, Herausgeber des Gutenberg-Jahrbuchs 1970–1975/76)
— Nachruf: Geldner 1976, 7 bis 9 (mit Abb.).

Widmungsexemplare
— von Erasmus von Rotterdam: Bezzel 1980, 89 bis 96 (mit Abb.).
— Osius-Sammelband (in der Bibliothek der Ungarischen Akademie der Wissenschaften): Rozsondai 1978, 309 bis 312 (mit Abb.).

Wieland, Christoph Martin (* 1733, † 1813, Dichter und Übersetzer)
— Papier der Wieland-Prachtausgabe (Leipzig: Göschen 1794–1802): Weiß 1978, 26 bis 31 (mit Abb.).

Wien
— *Drucker/Verleger: Vietor,* Hieronymus.
— *Buchdruck*
— — zwei Eingaben von Alois Auer, Direktor der

österreichischen Staatsdruckerei, an die Metternichsche Staatskanzlei (1839): Koppitz 1985, 202 bis 220.
— — Jesuitendruckerei: Soltész 1976, 264 bis 269 (mit Abb.).
— — Österreichische Staatsdruckerei: Schwarzmann 1982, 92 bis 94.
— Wiener Dominikaner-*Einbände* in der Bibliothek der Ungarischen Akademie der Wissenschaften (Budapest): Rozsondai 1981, 234 bis 244 (mit Abb.).
— *Schrift* im Wiener Jugendstil: Hurm 1978, 20 bis 25 (mit Abb.).
— Wiener *Secession* (und Rudolf von Larisch): Hurm 1979, 11 bis 17.

Wiener Neustadt
— Reichstag 1455, Brief vom 12. März 1455 von Enea Silvio Piccolomini an Kardinal Juan de Carvajal über den ältesten Bibeldruck: Meuthen 1982, 108 bis 118.

Wietor, Hieronymus siehe **Vietor**.

Wolfenbüttel
— als Druckort des ›Aviso‹, 1618 – 1623: Blühm 1976, 326 bis 332 (mit Abb.).
— Herzog August Bibliothek: (Psalterium der heiligen Margarete von Ungarn:) Csapodi 1976, 41 bis 47 (mit Abb.). — (Corvinen-Handschrift:) Csapodi 1982, 209 f.

Wolgemut, Niclas
— Ermanung wider die Türken, Pforzheim: Thomas Anshelm 1500: Geldner 1983, 166 bis 171.

Worde, Wynkyn de († 1535, Nachfolger von Caxton, tätig ab 1491): Edwards 1980, 82 bis 88. — (Holzschnitte in seinen Drucken:) Smith 1986, 322 bis 343 (mit Abb.).

Xylographie siehe **Holzschnitt**.

Zainer, Johann (Drucker in Ulm, 1472 – 1523)
— ›Teutsch Psalter‹, Ulm, um 1489: Ashcroft 1985, 125 bis 139 (mit Abb.).

Zeichenentwicklung (und Massenkommunikation): Kroehl 1982, 23 bis 34 (mit Abb.).

Zeilenführung siehe **Schrift**.

Zeitschriften
— Alternativzeitschriften: Bohr 1984, 241 bis 316.
— zum Buchwesen (La Bibliofilia. Vol. 1. Firenze: Olschki 1899 ff.): Balsamo 1981, 223 bis 228 (mit Abb.).
— Zensur von Jugendzeitschriften: Stefen 1978, 234 bis 240.

Zeitungen
— neue Nummern des Wolfenbütteler ›Aviso‹, 1618 – 1623: Blühm 1976, 326 bis 332 (mit Abb.).
— *deutsche Zeitungen* des 17. Jhs im Public Record Office, *London:* Paisey 1978, 168 bis 177.
— *deutsche Zeitungen* des 17. Jhs im Zentralen Staatsarchiv für alte Akten (CGADA), *Moskau:* Simonov 1979, 210 bis 220.
— *Mercurius* (›Newe Zeitung‹, 17. Jh.): Rosenfeld 1979, 221 bis 227 (mit Abb.).
— *Meßrelationen,* Aschaffenburg 1628 und 1629: Paisey 1981, 210 bis 213.
— *periodische Zeitungen* in Riga im 17. Jh.: Simonov 1984, 172 bis 179 (mit Abb.).
— *Zeitungs-Persiflage* im 17. Jh.: Rosenfeld 1979, 221 bis 227 (mit Abb.).
— *Zeitungswesen* in Berlin im 17. Jh.: Plümacher 1984, 163 bis 171 (mit Abb.).

Zensur (Bücherzensur)
— in *Frankreich* (»halb-legaler« Buchdruck im 18. Jh.): Weil 1986, 211 bis 227 (mit Abb.).
— kirchliche Zensur (am Beispiel von Konrad *Gessner:* Bibliotheca universalis): Balsamo 1976, 298 bis 305 (mit Abb.).
— *Goethes* Verhältnis zur Zensur: Koppitz 1986, 228 bis 240 (mit Abb.).
— Zensur von *Jugendzeitschriften* (Jugendmedienschutz): Stefen 1978, 234 bis 240.
— Zensur bei italienischen Ausgaben der ›Kosmographie‹ von Sebastian *Münster:* Horch 1976, 237 bis 247 (mit Abb.).

Zittau
— *Drucker/Verleger: Jäger,* Johann.

Zürich
— wissenschaftliche Buchillustration in Zürcher Drucken des 16. Jhs: Weber 1986, 101 bis 146 (mit Abb.).

Zypsen, Mathias (Zeitungsdrucker in Berlin, um 1630): Plümacher 1984, 163 bis 171 (mit Abb.).

3. CHRONOLOGISCHE ÜBERSICHT ZUM PERSONENREGISTER

Ordnungsziffer ist jeweils das Geburts-/Todesjahr oder die Zeit der Tätigkeit oder das Erscheinungsjahr der Werke. Bei den Namen wurde auf Angaben der Varianten oder des Pseudonyms verzichtet aus Gründen der Übersichtlichkeit, so ist auch nur kurz der Beruf usw. angegeben.

43 v. Chr.	M. Tullius Cicero (* 106 v. Chr.; römischer Philosoph, Redner und Politiker – »Druckreif-Vermerk«)
1152 – 1190	Friedrich I. Barbarossa (Kaiser Friedrich-Legende)
1439 (gedruckt 1476)	›Reformatio Sigismundi‹ (Kaiser Siegmund)
ca. 1450 – 1474	Mathias (Buchbinder in Wien)
um 1450	Hans Friedel von Seckingen (Bankier der Straßburger Gutenberg-Gesellschaften)
1452 – 1493	Kaiser Friedrich III. (und die Reform im Reich und die Erfindung des Buchdrucks)
1454	Balthasar Mandelreiß: Türkenschrei
um 1454/1455	Heinrich Molitor (Illuminator der B 42)
um 1455	Paulus Paulirinus (als Zeuge für die beiden ältesten Bibeldrucke)
1458 – 1464	Papst Pius II. (Brief an Kardinal Juan de Carvajal über den ältesten Bibeldruck, 1454)
ab 1461	Ludwig Hohenwang (Schreiber und Drucker in Basel und Augsburg)
ab 1461	Albrecht Pfister († 1464, Drucker in Bamberg)
ab 1462	Ulrich Han (Drucker in Rom und Wien)
1468 †	Johannes Gutenberg (Leben, Drucke, Wirkungsgeschichte)
1468 – 1485	Johannes Richenbach (Buchbinder in Geislingen)
1470 – 1479/80	Johannes Numeister (Drucker in Foligno, Gehilfe Gutenbergs in Mainz)
1469 †	Kardinal Juan de Carvajal (* ca. 1399; Brief über den ältesten Bibeldruck)
1469 †	Hermann Pötzlinger (* ca. 1415; Rector Scolarium im Kloster St. Emmeram in Regensburg)
1470 – 1482	Arnold Therhoernen (Drucker in Köln)
1471 – 1484	Papst Sixtus IV.: Ablaßverkündigung, gedruckt von Michael Greyff in Reutlingen
1472 †	Janus Pannonius (* 1434; ungarischer Humanist und Dichter)
1472 – 1479	Juan Parix (* 1430/1440; Drucker in Segovia und Toulouse)
1472 – 1497	Friedrich Creußner (Drucker in Nürnberg)
1472 – 1523	Johann Zainer (Drucker in Ulm)
1473 – 1478	Petrus Cesaris (Drucker in Paris)
1473 – 1478	Johannes Stol (Drucker in Paris)
1476 – 1499	Konrad Dinckmut (Drucker in Ulm)
um 1478 – 1514	Michael Greyff (Drucker in Reutlingen)
1482	Hans Schauer (Drucker in München)
1482 – 1527	Giovanni de Gregori (Drucker in Forlì und Venedig)
1483 – 1498	Antoine Caillaut (Drucker in Paris)
ab 1483	Andreas Hess (Drucker in Buda)
1484 – 1492	Benedikt Buchbinder (Drucker in München)
1490 †	Mathias Corvinus (König von Ungarn, Büchersammler)

1491 †	William Caxton (* um 1422; Erstdrucker von England)
1493 – 1499	Bartolus de Saxoferrato: Super I. parte Infortiati
1493 – 1519	Kaiser Maximilian I. (Gebetbuch; neue Exemplare)
1494/1513	Jakob Honniger (Student der Medizin in Erfurt; Verfasser von drei Kalendern)
Ende des 15. Jhs	Hieronymus Balbus, Humanist
15./16. Jh.	Jacopo de Barbari (Kupferstecher)
15./16. Jh.	Bartolomeo de Sacchi: De honesta voluptate
16. Jh.	Mathes Maler (Drucker in Erfurt)
16. Jh.	Jan Mantuan Fencl (Drucker in Pilsen)
16. Jh.	Jean Marchant (Drucker in Paris)
16. Jh.	Hieronymus Osius (Professor der Poesie in Wittenberg und Jena; Widmungs-Band)
16. Jh.	Papst Paul III. (1534 – 1549; Privatbibliothek)
16. Jh.	Matthias Scharffenberg (Drucker in Krakau)
um 1500	Bruder Hans: Teutsch Psalter
um 1500	Zacharias Callierges (Drucker in Venedig)
um 1500 †	Jodocus Pflanzmann (* um 1430; Drucker in Augsburg)
1500	Niclas Wolgemut: Ermanung wider die Türken, gedruckt von Thomas Anshelm in Pforzheim
1500 – 1525	Hieronymus Höltzel (Drucker in Nürnberg)
Anfang des 16. Jhs	Raphael Franciscus (Professor in Bologna und Pisa)
Anfang des 16. Jhs	Hans Hochspringer d. J. (Drucker in Ulm)
ab 1501/1502	Kaspar Hochfeder (Drucker in Krakau)
1502 †	Werner Rolevinck (* 1425; Kartäusermönch, Verfasser des ›Fasciculus temporum‹)
ab 1505	Johann Haller (Drucker in Krakau)
1506 – 1551	Wolfgang Stürmer (Drucker in Erfurt)
1508 †	Johann Bämler (Drucker in Augsburg)
1508 †	Hieronymus Münzer (* 1437; Stadtarzt in Nürnberg; Bericht über den frühesten Buchdruck)
1508 – 1515	Jean Mérausse (Verleger in Paris)
ab 1508	Mathias Schürer (Drucker in Straßburg)
1510	Jan Pollack (Illustrator des Münchner Eigengerichtsspiels)
1510 †	Johannes Prüß (* 1447; Drucker in Straßburg)
ab 1510	Hieronymus Vietor (Drucker in Wien)
1513 †	Anton Koberger (Drucker/Verleger in Nürnberg)
1513 †	Nicolaus Matz (* 1443; Theologe, Stifter der Kirchenbibliothek in Michelstadt)
1514 †	Hartmann Schedel (* 1440; Physikus und Bibliophile in Nürnberg)
um 1520/1530	Bartholomäus Bernhardi, Probst zu Kemberg bei Wittenberg (Verteidigungsschrift)
1520 †	Stephen Hawes (* ca. 1470; englischer Dichter)
1521 †	Sebastian Brant (* 1457/1458; Verfasser des ›Narrenschiffs‹)
1524 – 1550	Johann Petreius (Drucker in Nürnberg)
1525 †	Sweipolt Fiol (Drucker in Krakau)
ab 1526	Hanns Pekk (Drucker in Nürnberg und Pilsen)
1527 †	Johann Froben (* um 1460; Drucker in Basel)
1527 †	Liberale da Verona (* 1445; Maler und Miniator)
1527/1528 †	Erhard Ratdolt (Drucker in Venedig und Augsburg)
1528 †	Johannes Protzer (* ca. 1470; Jurist und Büchersammler in Nürnberg)
1530 †	Richard Pynson (Drucker und Buchbinder in London)
1530 †	Hans Schobser (Drucker in München)

1530–1532	Valentin Kobian (Drucker in Ettlingen/Baden)	1586 †	Lucas Cranach d. J. (* 1515; Formschneider)
1531 †	Johann Grüninger (* 1482; Drucker in Straßburg)	1590 †	Johann Fischart (* 1546; Publizist und Jurist in Straßburg)
1533 †	Jakob Köbel (* 1460; Drucker in Oppenheim)	1598–1636	Balthazar Bellère (Drucker in Douai)
1534 †	Friedrich Peypus (Drucker in Nürnberg)	Ende des 16. Jhs	Georgius Nigrinus (Drucker in Prag)
1535	Eucharius Rösslin d. J. (Stadtarzt in Frankfurt/Main, 1526–1554): Kreutterbuch	17. Jh.	Martin Baes (Illustrator in Douai)
		1603–ca. 1625	Pierre Borremans (Drucker und Verleger in Douai)
1535 †	Wynkyn de Worde (Drucker, Nachfolger von Caxton)	1606/1607	Johann Philipp Spies (Drucker in Ettlingen/Baden)
1536 †	Erasmus von Rotterdam (* um 1465; Humanist)	ab 1610	Georg Runge (Drucker in Berlin)
1536 †	Florian Ungler (Drucker in Krakau)	1610–1619	Johann Jäger (Drucker in Zittau)
1546 †	Martin Luther (* 1483; Druck seiner Werke)	1611 †	Padre Rivadeneyra SJ (* 1527; Privatbibliothek)
1547 *	Lambert-Thomas Schenckels (belgischer Humanist)	1611 †	Johann Philipp Spies (Drucker in Ettlingen/Baden)
1548–1581	Claudi Bornat (Drucker in Barcelona)	1612 †	Abraham ben David Portaleone (* 1542; Naturwissenschaftler)
1549 †	Johannes Honterus (* 1498; Humanist und Reformator in Siebenbürgen)	um 1630	Mathias Zypsen (Zeitungsdrucker in Berlin)
1554 †	Argula von Grumbach (* 1492; Kontroverse mit Johannes aus Landshut)	1651 †	Francis Cezary (Drucker in Krakau)
		ab 1703	Hilarius Feyrer (Drucker in Rottweil)
ab 1560	Bernhard Jobin (Drucker in Straßburg)	ab 1714	Johann Georg Kennerknecht (Drucker in Rottweil)
1564 †	Jean I. Tournes (* 1504; Drucker in Lyon)	ab 1729	Friedrich Hager (Drucker in Göttingen)
1565 †	Konrad Gessner (* 1516; Schweizer Gelehrter)	1760/1780	Johann Philipp Fabricius (Missionar und Drucker in Indien)
um 1565 *	Lucas Olchinensis (Verleger-Professor in Venedig)	1761 †	Joachim Nikolaus von Dessin (* 1704; Gründer der ersten öffentlichen Bibliothek in Südafrika)
1567 †	Peter Braubach (* ca. 1500; Drucker in Hagenau, zuletzt in Frankfurt/Main)	1781 †	Gotthold Ephraim Lessing (* 1729; Dichter und Bibliothekar; Papier seiner Werke)
1567–1571	Pierre Roux (Drucker in Avignon)		
1570	Abraham Ortelius (* 1527; Humanist): Theatrum Orbis terrarum	1784	Johann Friedrich Schiller (* 1737; Druckerei-Privileg für Mainz)
ab 1572	Jean II. Tournes (Verleger in Lyon und Genf)	1794 †	Georg Forster (* 1754; Schriftsteller und Mainzer Universitätsbibliothekar)
1577 †	Pierandrea Mattioli (* 1501; italienischer Gelehrter und seit 1554 Arzt in Prag)	1803 †	Wilhelm Heinse (* 1746; Schriftsteller und Bibliothekar in Mainz und Aschaffenburg)

1805 †	Friedrich Schiller (›Historischer Kalender für Damen‹, verlegt bei Göschen in Leipzig)	1934 †	Rudolf von Larisch (* 1856; österreichischer Schriftkünstler)
1810 †	Johann Christian Ritter (* 1755; Drucker in Südafrika)	1975 †	Albert Kolb (* 1891; buchgeschichtlicher Forscher)
1813 †	Christoph Martin Wieland (* 1733; Dichter und Übersetzer; Papier der Wieland-Prachtausgabe)	1975 †	Hans Widmann (* 1908; Herausgeber des Gutenberg-Jahrbuchs 1970 bis 1975/76)
1814 †	Gaetano Poggiali (* 1753; Bibliophile und Bibliograph)	1977 †	Eduard Born (* 1915, Geschäftsführer der Gutenberg-Gesellschaft)
1828 †	Georg Joachim Göschen (* 1752; Buchhändler und Verleger in Leipzig und Grimma)	1977 †	Giovanni Mardersteig (* 1892; Gutenberg-Preisträger 1968)
1831 †	Johann Maj (* 1758; Drucker in Krakau)	1977 †	Aloys Ruppel (* 1882, Begründer und Herausgeber des Gutenberg-Jahrbuchs 1926 bis 1969)
1832 †	Johann Wolfgang Goethe (Verhältnis zur Zensur)	1978 †	Maria Gräfin Lanckorońska (Kunsthistorikerin)
1832 †	Cesare Lucchesini (* 1756; italienischer Historiker; Privatbibliothek)	1979 †	Ilse Schunke (* 1892; Einbandforscherin)
1836 †	Firmin Ambroise Didot (* 1764; Drucker in Paris)	1980	Hellmut Lehmann-Haupt (Gutenberg-Preisträger)
1869 †	Alfons Auer (* 1813; Direktor der österreichischen Staatsdruckerei)	1983 †	Heinz Roosen-Runge (* 1912; Kunsthistoriker)
1878 †	Friedrich Preller d. Ä. (* 1804; Maler)	1984 †	Walter Cantz (* 1911; Drucker und Verleger in Stuttgart)
1899 ff.	Leo S. Olschki (Florenz/Firenze, Verleger von ›La Bibiofilia‹)	1984 †	Hermann Knaus (* 1907; buch- und bibliotheksgeschichtlicher Forscher)
1901 †	Friedrich Preller d. J. (* 1838; Maler)	1984 †	Gerrit Willem Ovink (* 1912; Gutenberg-Preisträger 1983)
1928 *	Adrian Frutiger (Schriftkünstler in Paris)	1985 †	Wytze Hellinga (* 1908; Professor für Buchwesen in Amsterdam)
1932 †	Max Slevogt (* 1868; Maler und Graphiker; Buchillustration zu ›Der Eisenhans‹)		

TYPOGRAPHISCHES REGISTER ZU DEN GUTENBERG-JAHRBÜCHERN 1926 – 1986

1. Satz- und Druck-Angaben

1926 (Schlußseite:) Satz, Druck und Einband: L. C. Wittich'sche Hofbuchdruckerei, Darmstadt. – Schrift: Ratio-Latein der Schriftgießerei D. Stempel A. G. Frankfurt a. M.

1927 (Schlußseite:) Satz, Druck und Einband: L. C. Wittich'sche Hofbuchdruckerei, Darmstadt. – Schrift: Jost-Mediaeval der Schriftgießerei Ludwig & Mayer in Frankfurt a. M.

1928 (Vorwort:) Satz und Druck: . . . Mainzer Presse . . . unter Leitung von Prof. Christian Heinrich Kleukens. – Schrift: Mainzer Antiqua. (Schlußseite:) Druck der Mainzer Presse. Hergestellt durch Ch. H. Kleukens-Mainz, Juni 1928.

1929 (Impressum:) Druck der Mainzer Presse, Mainz, Sommer 1929.

1930 (Vorwort:) Satz und Druck: Zabernsche Druckerei (Franz Rutzen), Mainz, auf einer neuen Schnellpresse der Firma König & Bauer A-G, Würzburg.
(Impressum:) Druck der Firma Zaberndruck, Philipp von Zabern, Inh. Franz Rutzen, Mainz. Initialen, Titel und Rückenbeschriftung wurden von Franz Rutzen gezeichnet.
(Schlußseite/Anzeige:) Mundus Antiqua. Mit dieser neuen Schrift unseres Hauses ist das vorliegende Gutenberg-Jahrbuch gedruckt . . . Schriftgießerei D. Stempel Aktien-Ges., Frankfurt a. M.

1931 (Vorwort:) Druck durch Franz Rutzen. – Schrift: Mundus-Antiqua der Schriftgießerei Stempel. (Impressum) siehe Gutenberg-Jahrbuch 1930.

1932 (Vorwort:) Satz und Druck: Franz Rutzen, Mainz. – Schrift: Baskerville-Antiqua von der Schriftgießerei D. Stempel A.-G., Frankfurt a. M. (Impressum) siehe Gutenberg-Jahrbuch 1930.

1933 (Vorwort:) Satz und Druck: Franz Rutzen und Hans Heimrich. – Schrift: Baskerville-Antiqua der Schriftgießerei D. Stempel A.-G., Frankfurt a. M. (Impressum) siehe Gutenberg-Jahrbuch 1930.

1934 (Vorwort:) Zum ersten Mal erscheint das Gutenberg-Jahrbuch in einer deutschen Schrift . . . Es ist dies die . . . Wallauschrift, . . . von . . . Rudolf Koch . . . geschnitten und in der Schriftgießerei Gebrüder Klingspor gegossen . . . Satz und Druck lagen in den Händen der Druckerei Spamer A.-G. in Leipzig.

1935 (Vorwort:) . . . Satz und Druck in der Wallauschrift von der Druckerei Spamer A.-G. Leipzig . . .

1936 (Vorwort:) . . . Kochs Wallauschrift. . . . (zweispaltiger) Satz und Druck lagen . . . in den Händen des Bibliographischen Institutes in Leipzig.

1937 siehe Gutenberg-Jahrbuch 1936.

1938 (Vorwort:) Als Schrift wurde . . . die Weiß-Antiqua der Bauerschen Gießerei in Frankfurt a. M. benutzt.
(S. 260:) Das Gutenberg-Jahrbuch 1938 wurde im Borgisgrad der halbfetten Weiß-Antiqua von Prof. E. R. Weiß, Berlin, gesetzt und gedruckt in der Offizin der Stuttgarter Vereinsbuchdruckerei Aktiengesellschaft Stuttgart W.

1939 (S. 346:) Das Gutenberg-Jahrbuch 1939 wurde im Borgisgrad der halbfetten Weiß-Antiqua von Prof. E. R. Weiß, Berlin, gesetzt und gedruckt in der Offizin der Stuttgarter Vereins-

	buchdruckerei Aktiengesellschaft Stuttgart W.
1940	(S. 522:) Druck der Albert Eggebrecht-Presse, Mainz, in der Marathon-Type von Gebr. Klingspor (Offenbach).
1941	(S. 317:) Siehe Gutenberg-Jahrbuch 1941. – (S. 318 [Anzeige]:) . . . Marathon, die letzte Antiqua Rudolf Kochs.
1942/43	(Vorwort:) Satz und Druck dieses Bandes besorgte die Buchdruckerei Carl Ritter & Co. in Wiesbaden, die dazu die Mediaeval 2 mit Auszeichnungen in Centaur 252 der Setzmaschinenfabrik Monotype G.m.b.H., Berlin, benutzte.
1944/49	(Vorwort:) Satz und Druck dieses Jahrgangs besorgten die Wiesbadener Graphischen Betriebe GmbH . . . benutzt wurde die Ronaldson-Schrift der Monotype-Setzmaschine.
1950	(Vorwort:) Die Schriftgießerei D. Stempel AG in Frankfurt a. M. stellte den gesamten Satz kostenlos her. (Impressum:) Diese Festschrift wurde auf der Linotype gesetzt und in der Hausdruckerei der Schriftgießerei D. Stempel AG gedruckt. Als Textschrift fand die neue Antiqua »Palatino«, für die Initialen und die Gestaltung der Titelseite zum ersten Mal die Versalschrift »Michelangelo« Verwendung. Beide Schriften wurden von Hermann Zapf für die D. Stempel AG in Frankfurt am Main entworfen.
1951	(Vorwort:) Den Satz und den Druck des Gutenberg-Jahrbuches 1951 besorgte das Verlagsdruckhaus Eugen Hauchler im Meister Gutenberg-Haus zu Biberach an der Riß; für den Linotype-Satz wurde die Trajanusschrift der Schriftgießerei D. Stempel AG in Frankfurt am Main benutzt.
1952	(Vorwort:) Satz und Druck lagen in den Händen des Druckhauses Schmidt & Co. in Mainz . . . (Anzeige:) Die zum Druck dieses Jahrbuches verwendete Kumlien-Antiqua . . . Gebr. Klingspor, Offenbach am Main.
1953	(Vorwort:) Alle Druckstöcke der Abbildungen und die benutzte Kumlien-Schrift entstanden im Hause der Gebr. Klingspor in Offenbach. Die Satz- und Druckarbeiten waren dem Druckhaus Schmidt & Co. in Mainz übertragen; . . .
1954	(Vorwort:) Satz und Druck dieses Bandes lagen in den Händen der Wiesbadener Graphischen Betriebe, die die Walbaum-Antiqua der Monotype-Setzmaschine benutzten; . . .
1955	(Vorwort:) Satzgestaltung und Druck waren diesmal Carl Keidel (Offizin Chr. Scheufele), Stuttgart, anvertraut. Als Schrift wurde die »Bembo« der Monotype-Setzmaschine verwendet.
1956	(Vorwort:) Satzgestaltung, Druck . . . Carl Keidel, Besitzer der Druck-Offizin Chr. Scheufele in Stuttgart . . . Als Schrift wurde die Romulus benutzt.
1957	(Vorwort:) Satz und Druck . . . Mainzer Verlagsanstalt und Druckerei Will und Rothe KG in Mainz . . ., die als Schrift Hermann Zapfs Palatino der Schriftgießerei D. Stempel AG in Frankfurt a. M. benutzte.
1958	(Vorwort:) Satz und Druck . . . Mainzer Verlagsanstalt und Druckerei Will und Rothe KG in Mainz, die als Schrift erstmals die Diethelm-Antiqua der Haas'schen Schriftgießerei in Basel-Münchenstein verwendete.
1959	(Vorwort:) Satzgestaltung und Druck waren erstmals der Druckerei Johannes Weisbecker in Frankfurt am Main übertragen, die als Schrift die Fournier der Monotype-Gesellschaft benutzte.
1960	(Vorwort:) Satzgestaltung und Druck lagen wiederum in den Händen der Druckerei Johannes Weisbecker in Frankfurt am Main. Als Schrift wurde die Van Dijck der Monotype-Gesellschaft verwendet.
1961	(Vorwort:) Satzgestaltung und Druck hatte die Universitätsdruckerei Mainz GmbH übernommen; als Schrift verwendete sie die Bodoni der Monotype-Gesellschaft.

1962	(Vorwort:) Auch in diesem Jahre hat die Universitätsdruckerei Mainz GmbH den Satz und Druck übernommen; sie benutzte als Schrift die Bodoni der Monotype-Gesellschaft.		Fotosatz ihre Premiere hat; sie wurde nach Entwürfen von Günter Gerhard Lange in Zusammenarbeit mit dem Atelier der Harris-Intertype GmbH Berlin für den Blei- und den Fotosatz entwickelt. Die Concorde ist die erste Werkschrift, die sowohl auf den Fotosetzgeräten der H. Berthold-Gruppe und der Harris-Intertype als auch im herkömmlichen Bleisatz als Hand- und Setzmaschinenschrift zur Verfügung steht.
1963	(Vorwort:) Satz und Druck dieses Jahrgangs erfolgten in der Offizin Chr. Scheufele, Inhaber Professor Carl Keidel, in Stuttgart. Als Schrift wurde die Monotype-Walbaum-Antiqua verwandt.		
1964	(Vorwort:) Die typographische Gestaltung und der Druck dieses 39. Jahrganges des Gutenberg-Jahrbuches werden der Offizin Scheufele (Professor Carl Keidel und Peter Keidel) verdankt.	1970	(Impressum:) Gestaltung: Dr. Konrad F. Bauer † unter Mitarbeit von Walter Baum. – Schrift: Impressum der Bauerschen Gießerei, Frankfurt am Main. – Satz und Druck: Heinz Knauer, Typografisches Atelier und Buchdruckerei, Frankfurt am Main, Gesamtleitung W. Hausensteiner.
1965	(Vorwort:) Satz und Druck dieses Jahrganges erfolgte im Druckhaus Schmidt & Co. in Mainz, das die Trump-Mediäval der Schriftgießerei C. E. Weber in Stuttgart verwendete.	1971	(S. 424:) Satz: »Monophoto«-Filmsatz unter Verwendung der Schrift »Apollo« von Adrian Frutiger, der Setzmaschinen-Fabrik Monotype-Gesellschaft m.b.H., Frankfurt am Main. – Typographie, Druck . . .: Johannes Weisbecker, Frankfurt am Main.
1966	(Vorwort:) Satz und Druck waren diesmal der Mainzer Verlagsanstalt und Druckerei Will und Rothe KG in Mainz anvertraut, die die Palatino von Hermann Zapf der Schriftgießerei Stempel AG in Frankfurt a. M. verwendete.	1972	(S. 438:) Monotype-Satz unter Verwendung der Schrift »Sabon-Antiqua« von Jan Tschichold. – Typographie, Satz, Druck . . . von Johannes Weisbecker, Frankfurt am Main.
1967	(Vorwort:) Satz und Druck besorgte, unter Verwendung der Palatino von Hermann Zapf der Schriftgießerei D. Stempel AG, die Mainzer Verlagsanstalt und Druckerei Will und Rothe KG in Mainz.	1973	(S. 477:) Lichtsatz auf der Linotron 505 C der Mergenthaler Linotype-Gesellschaft Frankfurt. – Schrift: Times Roman. – Typographie, Satz und Druck: Bonner Universitäts-Buchdruckerei, Bonn.
1968	(Vorwort:) . . . Satz und Druck des Gutenberg-Jahrbuches 1968 stiftete Herr Senator Konrad Gerhard Lohse, Inhaber der Firma K. G. Lohse, Graphischer Großbetrieb, Frankfurt a. M.	1974	(S. 392:) Typografie, Satz und Druck: Typografisches Atelier und Druckerei Heinz Knauer, Frankfurt am Main. – Schrift: Zum Satz fand die Impressum mager mit kursiv der Bauerschen Gießerei Verwendung, deren Handsatzschriften und Matrizen durch die Firma NEOTYPE bg-Schriften, Frankfurt am Main, vertrieben werden.
1969	(Vorwort:) Zum ersten Male in der langen Geschichte des Gutenberg-Jahrbuches wurde dieser Jahrgang ausschließlich im Fotosatz hergestellt. Die Satzherstellung erfolgte auf der »diatronic«, der neuen Foto-Werksetzmaschine der H. Berthold AG Berlin. Eingesetzt wurde eine der ersten Maschinen aus der ersten Fertigungsserie. Neu ist außerdem, daß gleichzeitig die Antiqua »Concorde« hier im		
		1975	siehe Gutenberg-Jahrbuch 1974.
		1976	(S. 540:) Typografie und Satz: Typografisches Atelier und Druckerei

	Heinz Knauer, Frankfurt am Main. – Schrift: Zum Satz fand die Garamond mager mit kursiv der D. Stempel AG., Frankfurt, Verwendung.
1977	(S. 406:) Typografie, Satz und Druck: Typografisches Atelier und Druckerei Heinz Knauer, Frankfurt am Main.
1978	(Schlußseite:) Satz mit Digiset der Firma Dr.-Ing. Rudolf Hell, Kiel, unter Verwendung der Schrift »Marconi« von Hermann Zapf. – Typographie: Max Caflisch. – Satz und Druck: Johannes Weisbecker, Frankfurt am Main.
1979	siehe Gutenberg-Jahrbuch 1978. (Beilage, S. XV:) Gesetzt auf »Eurocat« Filmsatz der Bobst Graphic, Lausanne, unter Verwendung der neuen Photosatzschrift »Basilia« von André Gürtler, Basel.
1980	(Schlußseite:) Satz: Knauer Layoutsatz GmbH, Stuttgart. – Druck: Roether-Druck, Darmstadt.
1981	(Schlußseite:) Typographie: Max Caflisch-Luethi, Schwerzenbach/Schweiz. Satz, Lithos und Druck: Brühl druck + pressehaus giessen.
1981	Register zum Gutenberg-Jahrbuch 1926–1975. (Rückseite des Titelblatts:) Satz und Druck: Carl Ritter GmbH & Co. KG, Druck- und Verlagshaus, Wiesbaden. – Schrift: 9/10 Times der Firma Linotype GmbH, Eschborn bei Frankfurt/M.
1982	(Schlußseite:) Satz und Lithos: Knauer Layoutsatz GmbH, Stuttgart. – Schrift: Times Antiqua mit Kursiv. – Druck: Brönners Druckerei Breidenstein GmbH, Frankfurt/M. Sonderbeilage zum Gutenberg-Jahrbuch 1982: Bücher in Gefahr. (Mit Beiträgen von) Helmut Bansa; Uwe Gast/Fritz Otto Zeyen; Wolfgang Hein/Wilhelm Willemer; Heinz H. Schmiedt; Alfons M. Stickler. – Gesetzt in Garamond-Antiqua und -Kursiv von Knauer Layoutsatz GmbH, Stuttgart. – Gedruckt von Brönners Druckerei Breidenstein GmbH, Frankfurt/M.
1983	(Schlußseite:) Satz, Lithos und Druck: Fa. Eduard Roether, Buchdruckerei und Verlag, Darmstadt. – Schrift: Garamond Antiqua mit Kursiv.
1984	(S. 370:) Satz, Lithos und Druck: Eduard Roether KG Druckerei und Verlag, Darmstadt. – Schrift: Garamond-Antiqua mit Kursiv.
1985	(S. 4:) Satz, Lithos und Druck: Eduard Roether KG Druckerei und Verlag, Darmstadt. – Schrift: Garamond-Antiqua mit Kursiv.
1986	(S. 4:) Satz, Lithos und Druck: Eduard Roether KG Druckerei und Verlag, Darmstadt. – Schrift: Garamond-Antiqua mit Kursiv.

2. Verzeichnis der Druckereien und Schriftgießereien

Bauersche Gießerei, Frankfurt/Main: 1938. – 1970. – 1974. – 1975. – Siehe auch **Neotype bg-Schriften.**

Berthold AG, H., Berlin (diatronic): 1969.

Bibliographisches Institut, Leipzig: 1936. – 1937.

Bobst Graphic, Lausanne (Eurocat-Filmsatz): 1979 (Beilage).

Bonner Universitäts-Buchdruckerei, Bonn: 1973.

Brönners Druckerei Breidenstein GmbH, Frankfurt/Main: 1982 (mit Sonderbeilage: Bücher in Gefahr).

Brühl Druck + Pressehaus, Gießen: 1981.

Eggebrecht-Presse (Albert Eggebrecht-Presse), Mainz: 1940. – 1941.

Haas'sche Schriftgießerei, Basel-Münchenstein: 1958. – 1979 (Beilage).

Harris-Intertype GmbH, Berlin: 1969.

Hauchler, Eugen, Verlagsdruckhaus (Meister Gutenberg-Haus), Biberach an der Riß: 1951.

Heimrich, Hans (Zaberndruck, Mainz): 1933.

Hell GmbH, Rudolf, Dr.-Ing., Kiel: 1978. – 1979.

Keidel, Carl siehe **Scheufele,** Chr., Offizin.

Keidel, Peter siehe **Scheufele,** Chr., Offizin.

Klingspor, Gebr., Offenbach/Main (Schriftgießerei): 1934. – 1935. – 1936. – 1937. – 1940. – 1941. – 1952. – 1953.

Knauer, Heinz, Typografisches Atelier und (Buch)-Druckerei, Frankfurt/Main: 1970. – 1974. – 1975. – 1976. – 1977.

Knauer Layoutsatz GmbH, Stuttgart: 1980. – 1982 (mit Sonderbeilage: Bücher in Gefahr).

König & Bauer A-G, Würzburg (Schnellpresse): 1930.

Linotype GmbH, Eschborn bei Frankfurt/M.: Register (1981).

Lohse, Konrad Gerhard, Graphischer Großbetrieb, Frankfurt a. M.: 1968.

Ludwig & Mayer, Schriftgießerei, Frankfurt a. M.: 1927.

Mainzer Presse (Christian Heinrich Kleukens): 1928. – 1929.

Mainzer Verlagsanstalt und Druckerei Will und Rothe KG, Mainz: 1957. – 1958. – 1966. – 1967.

Meister Gutenberg-Haus siehe **Hauchler,** Eugen.

Mergenthaler Linotype Gesellschaft, Frankfurt a. M. (Linotron 505 C): 1973.

Monotype, Setzmaschinenfabrik GmbH, Frankfurt a. M.: 1944/49. – 1954. – 1955. – 1959. – 1960. – 1961. – 1962. – 1971.

Monotype Setzmaschinen-Vertriebs GmbH, Berlin: 1942/43.

Neotype bg-Schriften, Frankfurt a. M.: 1974. – 1975. – Siehe auch **Bauersche Gießerei.**

Ritter & Co., Carl, Buchdruckerei, Wiesbaden: 1942/43. – Register 1981.

Roetherdruck (Eduard Roether KG, Druckerei und Verlag), Darmstadt: 1980. – 1983. – 1984. – 1985. – 1986.

Rutzen, Franz (Zaberndruck/Zabernsche Druckerei, Mainz): 1930. – 1931. – 1932. – 1933.

Scheufele, Chr., Offizin (Inhaber Prof. Carl Keidel und Peter Keidel), Stuttgart: 1955. – 1956. – 1963. – 1964.

Schmidt & Co., Druckhaus, Mainz: 1952. – 1953. – 1965.

Spamer A.-G., Druckerei, Leipzig: 1934. – 1935.

Stempel AG, D., Schriftgießerei, Frankfurt a. M.: 1926. – 1930. – 1932. – 1933. – 1957. – 1966. – 1967. – 1976. – (Hausdruckerei:) 1950.

Stuttgarter Vereinsbuchdruckerei Aktiengesellschaft, Stuttgart W: 1938. – 1939.

Universitätsdruckerei Mainz GmbH, Mainz: 1961. – 1962.

Weber, C. E., Schriftgießerei, Stuttgart: 1965.

Weisbecker, Johannes, Druckerei, Frankfurt a. M.: 1959. – 1960. – 1971. – 1972. – 1978. – 1979.

Wiesbadener Graphische Betriebe GmbH, Wiesbaden: 1944/49. – 1954.

Will und Rothe siehe **Mainzer Verlagsanstalt.**

Wittich, L. C., Hofbuchdruckerei, Darmstadt: 1926. – 1927.

Zabern, Philipp von siehe **Zaberndruck.**

Zaberndruck (Philipp von Zabern, Inh. Franz Rutzen), Mainz: 1931. – 1932. – 1933.

Zabernsche Druckerei (Franz Rutzen): 1930.

3. Verzeichnis der Schriftkünstler und Typographen

Bauer, Konrad F.: 1970.

Baum, Walter: 1970.

Caflisch-Luethi, Max: 1978. – 1979. – 1981.

Frutiger, Adrian
– Apollo-Schrift: 1971.

Gürtler, André
– Basilia: 1979 (Beilage).

Kleukens, Christian Heinrich
– Mainzer Presse/Mainzer Antiqua: 1928. – 1929.

Koch, Rudolf
– Marathon-Type: 1940. – 1941.
– Wallau-Schrift: 1934. – 1935. – 1936. – 1937.

Lange, Günter Gerhard
– Concorde-Antiqua: 1969.

Tschichold, Jan
– Sabon-Antiqua: 1972.

Weiß, Emil Rudolf
– Weiß-Antiqua: 1938. – 1939.

Zapf, Hermann
– Marconi: 1978. – 1979.
– Michelangelo – Versalschrift: 1950.
– Palatino: 1950. – 1957. – 1966. – 1967.

4. Verzeichnis der verwendeten Schrifttypen

Antiqua
- Baskerville-Antiqua (der Schriftgießerei D. Stempel A.G., Frankfurt/Main): 1932. – 1933.
- Concordia-Antiqua (von Günter Gerhard Lange in Zusammenarbeit mit der Harris-Intertype GmbH, Berlin): 1969.
- Diethelm-Antiqua (der Haas'schen Schriftgießerei, Basel-Münchenstein): 1958.
- Garamond-Antiqua siehe **Garamond**.
- Kumlien-Antiqua (der Gebr. Klingspor, Offenbach/Main): 1952. – 1953.
- Mainzer Antiqua: 1928. – 1929.
- Marathon-Type (der Gebr. Klingspor, Offenbach/Main: die letzte Antiqua Rudolf Kochs): 1940. – 1941.
- Monotype-Walbaum-Antiqua: 1954. – 1963.
- Mundus Antiqua (der Schriftgießerei D. Stempel AG, Frankfurt (Main): 1930. – 1931.
- Palatino-Antiqua (der Schriftgießerei D. Stempel AG, Frankfurt/Main von Hermann Zapf): 1950. – 1957. – 1966. – 1967.
- Sabon-Antiqua (von Jan Tschichold): 1972.
- Times-Antiqua mit Kursiv: Register 1981. – 1982.
- Weiß-Antiqua (der Bauerschen Gießerei, Frankfurt/Main) von E. R. Weiß, Borgisgrad, halbfett: 1938. – 1939.

Apollo (der Setzmaschinen-Fabrik Monotype GmbH, Frankfurt/Main) von Adrian Frutiger: 1971.

Basilia (Photosatzschrift von André Gürtler): 1979 (Beilage).

Baskerville-Antiqua siehe **Antiqua**.

Bembo (der Setzmaschinen-Fabrik Monotype GmbH, Frankfurt/Main): 1955.

Bodoni (der Setzmaschinen-Fabrik Monotype GmbH, Frankfurt/Main): 1961. – 1962.

Borgisgrad siehe **Antiqua** (Weiß-Antiqua).

Concordia-Antiqua siehe **Antiqua**.

Diethelm-Antiqua siehe **Antiqua**.

Fournier (der Setzmaschinen-Fabrik Monotype GmbH, Frankfurt/Main): 1959.

Garamond (mager) mit Kursiv (der Schriftgießerei D. Stempel AG, Frankfurt/Main): 1976. – 1982 (Sonderbeilage: Bücher in Gefahr). – 1983. – 1984. – 1985. – 1986.

Impressum (der Bauerschen Gießerei, Frankfurt/Main), mager mit kursiv: 1970. – 1974. – 1975.

Jost-Mediaeval (der Schriftgießerei Ludwig & Mayer, Frankfurt/Main): 1927.

Kumlien-Antiqua siehe **Antiqua**.

Mainzer Antiqua siehe **Antiqua**.

Marathon-Type siehe **Antiqua**.

Marconi (von Hermann Zapf): 1978. – 1979.

Mediaeval (2 mit Auszeichnungen in Centaur 252) der Monotype Setzmaschinenfabrik, Berlin: 1942/43. – Siehe auch **Jost-Mediaeval**; **Trump-Mediaeval**.

Michelangelo-Versalschrift (der Schriftgießerei D. Stempel AG, Frankfurt/Main) von Hermann Zapf: 1950.

Monotype-Walbaum-Antiqua siehe **Antiqua**.

Mundus-Antiqua siehe **Antiqua**.

Palatino siehe **Antiqua**.

Ratio-Latein (der Schriftgießerei D. Stempel AG, Frankfurt/Main): 1926.

Romulus: 1956.

Ronaldson-Schrift (der Setzmaschinen-Fabrik Monotype, Frankfurt/Main): 1944/49.

Sabon-Antiqua siehe **Antiqua**.

Times Roman: 1973. – Siehe auch **Antiqua**.

Trajanusschrift (der Schriftgießerei D. Stempel AG, Frankfurt/Main): 1951.

Trump-Mediaeval (der Schriftgießerei C. E. Weber, Stuttgart): 1965.

Van-Dijk (der Setzmaschinen-Fabrik Monotype GmbH, Frankfurt/Main): 1960.

Walbaum-Antiqua siehe **Antiqua** (Monotype-Walbaum-Antiqua).

Wallauschrift (der Gebr. Klingspor, Offenbach/Main) von Rudolf Koch: 1934. – 1935. – 1936. – 1937.

Weiß-Antiqua siehe **Antiqua**.